단기상담의 이해와 실제

단기상담의 이해와 실제

발행일   2018년 8월 31일

지은이   임 향 빈
펴낸이   손 형 국
펴낸곳   (주)북랩
편집인   선일영   편집   권혁신, 오경진, 최승헌, 최예은, 김경무
디자인   이현수, 김민하, 한수희, 김윤주, 허지혜   제작   박기성, 황동현, 구성우, 정성배
마케팅   김회란, 박진관, 조하라
출판등록   2004. 12. 1(제2012-000051호)
주소   서울시 금천구 가산디지털 1로 168, 우림라이온스밸리 B동 B113, 114호
홈페이지   www.book.co.kr
전화번호   (02)2026-5777   팩스   (02)2026-5747

ISBN   979-11-6299-295-1 93180(종이책)   979-11-6299-296-8 95180(전자책)

이 도서의 국립중앙도서관 출판예정도서목록(CIP)은 서지정보유통지원시스템 홈페이지(http://seoji.nl.go.kr)와
국가자료공동목록시스템(http://www.nl.go.kr/kolisnet)에서 이용하실 수 있습니다.

(주)북랩 성공출판의 파트너

북랩 홈페이지와 패밀리 사이트에서 다양한 출판 솔루션을 만나 보세요!

홈페이지 book.co.kr   •   **블로그** blog.naver.com/essaybook   •   **원고모집** book@book.co.kr

단기상담의
이해와 실제

임향빈 지음

북랩 book Lab

머리말

최근 국내외 상담 추세는 단기상담을 선호하며, 학교, 청소년, 건강가정지원센터, 군, 기업, 법원, 바우처 등 단기상담은 피할 수 없는 현실이다. 상담 및 심리치료의 단기화 현상에 대한 관심이 높아짐에 따라 상담 기간의 단기화뿐 아니라 의도적이고 계획적인 단기상담모델의 필요성이 강조되고 있다. 단기상담은 오늘날 우리사회의 정신건강 서비스에 대한 요구를 보다 잘 충족시켜 줄 수 있으며, 단순히 장기상담에 비해 상담기간이 짧다는 점뿐 아니라 내담자의 문제와 상담의 목표, 그리고 치료전략 등이 빠른 시간 내에 구체적으로 설정되고 치료과정이 목표해결에 초점을 맞추게 된다는 측면을 강조하는 것이라 할 수 있다. 따라서 상담기간이 단기간으로 한정될 때, 그 회기에 따라 구조화와 전략적 접근을 통해 내담자의 긍정적 변화와 삶의 질 향상 그리고 상담에 대한 욕구를 충족시켜 주어야 한다.

이 책은 1부, 2부로 나누어져 있으며 1부에서는 단기상담의 이해에 관해서 다루고 있고 2부에서는 단기상담의 실제를 다루고 있다.

1부는 1장 단기상담, 2장 단기상담의 구조화, 3장 의식과 무의식의 영향, 4장 심리역동의 요인, 5장 단기상담을 위한 활용 방안으로 구성되어있다.

2부는 부부상담 5회기 사례 하나와 개인상담 10회기 사례 하나로 구성되어 있으며, 단기상담을 배우고자 하는 후학들에게 도움이 되고자 기술하였다. 이를 통해 각 사례별로 개입과정과 내담자의 변화과정을 보게 될 것이며, 단기상담의 시작부터 종결까지의 과정에 관하여 이해를 돕고자 하였다.

이와 함께 실제적인 임상경험의 산물로써 독자로 하여금 단기상담의 기법과 변화과정, 상담의 구조화, 상담사의 기본자세를 구체적으로 학습할 수 있는 소중한 경험을 갖도록 한다. 이러한 학습을 할 수 있는 것은 본 책에서 소개하는 사례의 진행하는 과정에 구체적인 내용을 알기 쉽고 명료하게 보여 주고 있을 뿐만 아니라 단기상담을 진행함에 있어서 무엇보다 중요한 상담사의 적극적 개입을 생생히 보여 주고 있다. 실제 상담이 진행되는 상황을 직접 목격하듯이 접근하게 될 것이며 상담과정을 이해하고 상담사의 적극적 태도와 상담기법을 학습할 수 있게 해줄 것이다.

끝으로 단기상담에 관심이 있거나 전공하고자 하는 후학, 그리고 상담관련 분야의 종사자들이 좋은 상담사가 되는데 도움이 될 수 있기를 바란다. 특히 상담 현장에서 상담이론을 적용하면서 단기상담을 모색하고 있는 상담사들에게 실질적인 도움이 되기를 바라며, 우리나라의 단기상담 발전에 기여할 수 있기를 바란다.

차례

제 2부 단기상담의 실제

제 1부
단기상담의 이해

미래를 바꾸고 싶으면 현재를 바꾸고,
모르면 건드리지 마라.
혼란을 초래한다.

제 1장

단기상담

1. 단기상담의 개요

상담이 체계화되고 전문화되기 시작한 것은 프로이트가 정신분석을 창안하면서부터다. 정신분석은 비교적 많은 시간을 필요로 하고 몇 년씩 걸리는 경우도 있다. 내담자의 개인적인 어려움은 인생의 초기 몇 년간에 걸쳐 형성되어 오랜 기간 지속된 것이므로 변화를 가져오기 위해서는 그에 걸맞게 오랜 시간이 걸릴 것이라고 믿었다. 이러한 견해의 바탕에는 내담자가 자신의 무의식적인 갈등을 확실히 통찰해야만 변화가 오며, 그것은 시간이 많이 걸리는 작업이라는 믿음이 있었다. 그러므로 정신분석은 장기적인 과정이었으며, 내담자가 과도하게 위협을 느껴 상담을 그만두지 않도록 하기 위해 서둘러서는 안 되었다.

반면에 단기상담은 대체로 덜 효과적이며 피상적인 상담으로 인식되었다. 내담자의 복잡한 역동을 무시하고 그저 단순히 조언이나 위로를 해주는 정도이므로 그 효과도 일시적이라는 것이다. 그럼에도 불구하고 분석가들 사이에서 분석의 길이를 줄이려는 시도가 있었다. 가장 주목할 만한 시도가 알렉산더와 프렌치에 의해 이루어 졌다. 이들은 분석의 길이를 줄이고 효율성을 높이려고 하였다(이장호 외, 2008: 286-287).

또한 역동적 정신치료는 프로이트 초기시절에는 매우 단기간이었으나 치료의 목표가 확장됨에 따라 점차 길어졌다. 치료가 길어지게 되자 임상가들은 과정을 짧게 할 방법들을 찾기 시작했다(김영란 외 공역, 2009: 24).

정신분석적인 입장을 지닌 많은 상담사들이 정신역동적 단기상담 방법을 개발하였다. 이러한 접근들은 대개 내담자의 문제를 한두 가지 핵심문제로 국한하여 빠른 시간 안에 통찰할 수 있도록 돕는다.

단기상담의 또 다른 접근은 인지행동치료이다. 전통적인 정신분석에 대한 대안으로 개발된 인지행동치료는 처음부터 단기상담을 지향하였다.

또한 위기상담은 극심한 스트레스로 인해 위기를 겪고 있는 내담자를 돕기 위해 개발되었는데 배우자나 자녀의 죽음, 지진, 화재 등과 같은 매우 충격적인 경험을 할 경우 가장 효율적이고 바람직한 대처를 할 수 있도록 도와주려는 것이다. 이러한 위기 상담은 그 성격상 단기상담이 대부분이다(이장호 외, 2008 : 287-288).

단기심리치료는 현재 폭넓게 이용되고 있고, 최근 인기가 높아지고 있다. 중요한 사실은, 장기치료보다 단기심리치료를 이용한 수준 높은 연구평가들을 실시해 왔다는 것이다.

연구결과들에 따르면, 많은 단기 심리치료가 적절한 수준의 효율성을 지녔을 뿐만 아니라 단기 심리치료와 장기 심리치료를 비교한 연구들로부터 장기치료가 확실히 더 우월하다는 것을 증명하지 못하였다는 것이다(Koss & Butcher, 1986).

결과적으로 단기심리치료를 한다고 해서 부적절함을 느낄 필요는 없다. 현재까지 조사한 바로는 단기심리치료가 가장 효율적인 형태이고, 적어도 대부분의 환자들에게 장기심리치료만큼의 효과가 있다(권석만 외 공역, 2006: 24).

단기상담에서는 시간을 구체적으로 제한함으로써 상담사와 내담자가 상담 초기에 어느 정도의 기간이면 성과를 얻을 수 있는지 예측할 수 있다는 장점이 있다. 따라서 정해진 시간을 어떻게 효율적으로 사용하느냐에 관심을 갖게 된다. 상담사가 상담 초기에 가능한 회기와 종결 시기를 정함으로써 내담자는 상담이 얼마나 지속될 것인지 알 수가 있다.

필자는 심리상담을 처음 시작했을 때, 몇 가지 이유 때문에 단기상담에 관심이 있었다. 상담과정에서 만난 대부분의 내담자들은 시간과 비용 등을 이유로 장기상담에는 관심을 보이지 않았으며, 상담을 받은 많은 내담자들이 10회 안팎에서도 긍정적인 변화를 보였고 상담의 효과성도 나타나게 되었다. 내담자와의 상담이 한 번으로 끝나는 일회성 면담이라고 할지라도 이해를 중심으로 한 상담을 했다면 그 상담은 진실한 의미에서 치료적 중재를 가능하게 한 상담이라고 할 수 있다.

필자가 지향하는 단기상담은 '내담자가 과거 어떠한 경험을 하였는가?', '그것이 현재 어떤 영향을 미치는가?'를 조망하고 사정한 후 사례에 맞게 구조화 시키고, 이를 통하여 자각과 통찰이 일어나도록 조력을 하고 긍정적 변화와 삶의 질 향상에 초점을 맞추는 것이다. 이와 함께 내담자의 자아기능을 강화하여 현실적이고 수용적인 태도와 성숙한 삶의 실현을 이루도록 하는 것이다.

2. 단기상담의 정의

단기상담에 대한 연구들을 살펴보면, 단기상담의 정의에 대해서 학자마다 다른 견해를 가지고 있으며 본인들만의 상담 기간을 제시하고 이론적으로 그 근거를 설명할 뿐 통일된 견해가 없다는 것을 알 수 있다.

통상적으로 단기상담을 정의하는 데에는 상담 기간, 목표, 방법, 그리고 상담사의 가치나 태도 등을 고려할 필요가 있다. 단기상담은 전통적인 상담 방법에서 상담 기간만을 단축하는 것이 아니라 의도적이고 계획적이며 적극적인 개입을 통한 효과성을 강조한다. 제한된 시간 내에 치료 효과와 변화를 가져오게 하는, 의도적이고 계획적인 상담활동이다(류은영, 2016: 11).

단기상담은 비교적 짧은 기간에 내담자의 순기능적 변화를 가져오게 하는 심리적 개입으로, 일관된 정의는 없으나 대체로 상담 기간, 경제성, 효율성, 접근 방법, 구조화 등의 측면에서 장기상담과 구별된다.

단기상담의 효과를 이끌어내기 위해서 상담의 과정을 발달단계별로 구분하여 적용하며, 목적 달성을 위한 전략적 접근을 한다.

류은영(2016)에 의하면 단기상담은 단순히 장기상담에 비해 상담 시간이 짧다. 또한 내담자의 문제와 상담목표, 그리고 치료전략 등을 빠른 시간 내에 구체적으로 설정하고 치료과정 중에는 목표 해결에 초점을 맞추게 된다. 그리고 이러한 관점을 종합해 단기상담은 한정된 기간에 가능한 빠른 치료 효과와 변화를 가져오게 하는 심리적 개입으로 정의할 수 있다(김계현, 1990; 이장호, 1991; 최혜림, 1991; Binder, Henry & Strupp, 1987; Budman & Gurnman 1988)고 제시하였다.

필자가 생각하는 단기상담은 10회기 전후의 상담으로써 내담자의 문제와 상담의 목표, 상담방법 등이 제한된 회기 내에 구체적으로 설정되고, 상담과정은 목표해결에 초점을 맞추게 된다. 그리고 구조화와 전략적 접근을 통해 내담자의 긍정적 변화와 상담 욕구를 충족시킨다.

즉, 단기상담은 제한된 회기 내에 치료 효과와 변화를 이끌어 내는 전문적 상담 방법으로 정의할 수 있다.

3. 단기상담의 목표

단기심리치료의 일반적인 목표는 내담자들이 심리치료를 받게 된 문제들이나 불편함을 극복하도록 돕는 것이다.

고통, 불편이나 불행으로부터의 해방은 내담자들이 치료를 통해 얻고자 하는 것이다. 우리는 심리치료자로서 이들 목표를 존중하고, 우리가 원하는 다른 목표로 바꾸지 않는 것이 중요하다. 내담자들의 불편함을 없애고 합리적이고 적절한 수준에서 기능하도록 돕는 것은 상당히 바람직한 목표이다.

또한 내담자가 이전보다 더 생산적인 방식으로 자신의 문제를 극복하고, 미래의 어려움을 다룰 수 있도록 돕는 것이 단기상담의 우선적인 목표이다.

이 목표를 짧은 시간 안에 달성하기 위해, 단기상담은 정신분석 등의 장기상담과 달리 더 문제해결 중심적이고 지시적이다. 더 지시적이라는 말은, 내담자가 자신의 문제를 드러내고 통찰할 때까지 오랜 시간을 기다릴 수는 없기 때문에 상담사가 더 적극적으로 상담의 과정을 이끌어 간다는 의미이다(이장호 외, 2008: 290).

단기심리치료의 보조적인 목표는 내담자들이 미래의 문제들을 더 잘 다루고 예방할 수 있도록 대처기술을 개발하는 것이어야 한다.

전통적인 역동적 심리치료는 긍정적인 성과를 촉진시키는 주요 치료 변인으로 통찰의 중요성을 강조하였다. 그 시사점은 만약 내담자가 자신의 증상을 일으키는 억압된 무의식적 갈등을 이해하게 되면 증상이 점차 사라질 것이라는 것이다.

그러나 나중에 많은 분석가들이 주목하였듯이 지적인 이해나 통찰만으로 반드시 치료 성과가 나오는 게 아니었다. 내담자는 환경자극을 보다 적응적으로 지각할 필요가 있으며, 또한 더 나은 정신건강을 가로막는 과거와 미래의 장애물들을 극복할 수 있는 행동들을 개발할 필요가 있다.

결과적으로 내담자로 하여금 보다 건설적인 방식으로 자신의 문제를 극복하고 미래의 어려움들을 다룰 수 있도록 돕는 것이 단기심리치료의 우선적 목표이고 목적이다. 단기치료에서 목표의 구체성, 치료자의 적극적인 역할, 치료기간에 관한 기대 등이 모두 치료 과정을 촉진한다(권석만 외 공역, 2006: 25-26).

단기상담에서 상담사는 상담 전에 어떠한 상담기법과 이론을 적용하든 간에 근본적으로 갖추어야 할 이론적 배경과, 이를 적용할 줄

아는 방법론적 근거를 통해 내담자의 욕구 충족과 긍정적 변화를 이끌어 내야한다. 내담자의 변화를 위해 상담사는 기본적 자질을 갖추어야 하는데 이는 상담과정에서 일어나는 전이와 역전이 그리고 의존성 때문이다.

4. 단기상담의 특징

단기정신치료에서는 직접적 정보, 재교육, 조정의 세 가지 교육 방법이 모두 사용된다. 12회 치료면담 동안 이 세 가지 방식으로 환자를 교육할 수 있는 기회가 있다면 이러한 방식의 교육이 행해져야 한다. 실제로 일정한 시간제한은 치료자에게 어느 정도 직접적인 교육을 강요한다.

시간이 제한되므로 모든 오해나 왜곡을 자세하게 진술할 시간이 충분하지 않다. 심지어는 중심 문제에 있어서도 모든 세부적인 면을 자세하게 진술할 충분한 시간이 없다. 때문에 환자에게는 그의 중심 문제의 과거력에 관한 정보가 부분적으로 제공되며, 이러한 정보를 바탕으로 하여 환자는 어떻게 하여 현재와 같은 방식으로 느끼게 되었는가를 스스로 명료화할 수 있게 된다. 환자에게 알려지는 정보는 과거력으로부터 발췌한 것이며 일반적인 정신분석 이론에 비추어 재해석된 것이다(박영숙·이근후 공역, 1993: 69).

단기정신치료의 과정은 치료자의 적극성이라는 훌륭한 방법에 의존한다. 시간제한이 치료자에 의해 명시되고, 결정되고, 지속되는데 시간제한 자체가 치료자로 하여금 적극성을 갖도록 강요한다.

치료자와 환자 모두 시간이 짧다는 것을 알고 있다. 시간제한이 있기 때문에 환자의 정서 생활의 다양하고 세부적인 면들이 천천히, 그리고 자세히 설명될 수 있도록 참을성 있게 기다린다는 것은 불가능하다. 중심 문제나 초점의 모든 면이 전개될 수 있을 만한 시간 여유조차도 없다. 초점을 정하고 그것을 고수하는 것은 시간을 절약하려는 수단이다. 이와 같은 지침에 따라 과거와 현재를 압축시키는 것이 요구되므로 시간의 단축은 치료자가 보다 신속하게 개입할 수 있음을 암시한다.

일반적으로 치료자의 적극성은 역동적 사건들이 빠르게 진행되는 과정에 그 논리적 근거가 있다. 만약 치료자가 적극적으로 치료에 참여하는데 실패한다면 사건을 못보고 지나쳐 버릴 것이고, 과정과 목표 모두 모호하게 될 것이며, 단기정신치료로 시작했다가 모호하고 애매한 장기치료가 될 것이다.

치료자가 어느 정도로 적절하고 능동적으로 참여하고 있는지 알 수 있는 한 가지 방법은, 각 치료면담 후 그가 중심 문제에 직접적으로 관심을 집중시키는데 성공한 정도와 간접적으로 환자의 과거생활사에서 중심문제와 관련된 자료를 다루는데 성공한 정도를 검토해 보는 것이다. Bibring에 의하면 다섯 가지 원칙이 있다(박영숙·이근후 공역, 1993: 63-64).

1) 암시(suggestion)는 환자에게 비합리적인 믿음을 유도하기 위해

사용한다. 환자는 치료자의 생각이나 욕구, 정서, 행동을 즉각적으로 받아들이는 경향이 있음을 나타내고자 한 것이다. 이러한 행동은 환자의 무의식적인 주술적 기대와 소망으로부터 나온 것이라는 점에 있어서 비합리적인 것이다.

환자는 치료자가 그에게 행동하기를 바라고 있다고 느끼는 방향으로 행동하려는 경향이 있는데, 치료자는 이러한 환자의 마음가짐을 이용하여 환자의 생활에 변화가 생기도록 자극할 수 있다.

2) 감정발산(abreaction)은 환자로 하여금 감정방출을 통하여 긴장을 해소하도록 도와준다. Bibring은 인식되지 못한 채 지속되는 감정방출이 어떤 종류의 치유 방법보다 환자의 고통을 효율적으로 해결하는데 큰 가치가 있으며, 심지어는 치유의 주된 요인이라고까지 지적하고 있다.

3) 조종(manipulation)은 대부분 오해하거나 잘못 사용하기 쉽다. 이는 지도나 충고의 의미가 아니다. 오히려 조종은 "경험을 통한 영향"을 의미한다.

예를 들면 환자는 권위 있는 인물이 그에게 무엇을 하라고 이야기해주기를 기대하지만, 치료자는 환자가 원하는 대로 자유롭게 할 수 있다고 말하거나 의존적인 환자에게는 스스로 책임을 맡아야 한다고 말한다.

조종은 "경험으로부터의 학습"이라고 일반적으로 지칭할 수 있는 수많은 치료적 작용들을 내포하고 있다. 조종에서는 환자가 다른 사람과 관계를 맺는 특정한 양식을 이해함으로써 치료자가 환자의 "보조역"이 되는 것을 고의적으로 거절하고, 환자로 하여금 그의 특징적 반응이 부적절하고 불필요한 것이며 자기 패배적인 것을 배울 수 있는 위치에 있도록 해준다.

4) 명료화(clarification)는 만약 치료자가 환자의 전의식 속에 흩어져 있는 중요한 여러 감정과 생각과 결정을 인식할 수 있다면 모든 환자들에 있어서 보다 큰 자각이 이루어질 수 있다.
   주의 깊게 경청하는 치료자는 중요한 자료의 단편들을 들으면서 면담 동안 말로 표현되는 자료와 시시각각으로 나타나는 중요한 행동을 관찰한다.
   환자는 강한 감정이 담긴 세부적 일을 이야기 하고 나서도 그 일들을 기억해 내지 못한다. 이에 반해 치료자는 기억을 하고 있기에 중요하고 단편적 사건들을 함께 상기시키며, 환자에게 이 사건들을 단일화 되어온 개념으로 제시한다. 환자는 명료화된 진술의 중요성과 가치를 인식하며 저항 없이 그 진술을 받아들인다.
   치료 효과는 보다 큰 자각을 통한 자아의 분리에 있으며, 이는 자아와 환경에 대한 보다 현실적인 인식을 가져다준다.

5) 해석(interpretation)은 명료화와 명백히 대조되는데, "무의식적 갈등이 의식 수준에 떠오르도록 허용하는 자아의 변화와, 성격의 다른 기능적 체계의 변화를 통하여 다양한 정신장애의 원천적 결정인자들을 변형하거나 제거하도록 하려는 것이다." 적절한 해

석은 환자의 의식 수준에서 전혀 알려져 있지 않았던 것을 환자
가 자각하도록 하여준다.

명료화와 해석은 통찰을 가져온다.

단기상담은 제한적 횟수와 시간 내에서 의도적이고 계획적이며, 효
과성과 효율성을 강조한다(류은영, 2016: 12). 정신분석 등의 장기상담
과는 달리 25회 이내에 종결하는 단기상담은, 내담자가 호소하는 한
두 가지 핵심 문제를 중심으로 빠른 시간 내에 변화할 수 있도록 돕
는다.

최근 단기상담에 대한 관심이 매우 높아지고 있는데 이는 다음과
같은 이유 때문이다(이장호 외, 2008: 284-285).

첫째, 내담자들은 상담을 받고자 할 때 대개 상담이 장기간 진행될
것으로 생각하지 않는다. 몇 번, 아니면 단 한 번의 상담만 받으면 될
것으로 믿는다. 구체적인 문제를 빨리 해결하려고 상담사를 찾아오
는 경우가 더 많다.

둘째, 상담사들은 본인이 원하든 원하지 않든 간에 실제로 단기상
담을 하게 된다. 상담사의 이론적 입장에 관계없이 내담자와 상담하
는 회기 수는 평균적으로 6-8회 정도에 불과하다고 한다.

셋째, 적용범위와 관련해서 처음에는 단기상담에 적합한 문제의 범
위를 아주 좁게 생각하였다. 내담자의 지적, 정서적, 동기적 수준은
높아야 하고, 그들이 가지고 오는 문제는 단순하고 구체적이어야 한
다고 보았다. 그러나 연구 결과 단기상담은 심각하고 만성적인 문제

에도 상당히 효과적으로 적용될 수 있다는 것이 밝혀지고 있다.

넷째, 단기상담은 장기상담만큼이나 효과가 있는 것 같다. 물론 모든 내담자가 단기상담으로 효과를 보는 것이 아니고, 효과를 보는 사람들도 그 정도가 똑같지는 않지만 단기상담이 피상적인 해결책만을 제공한다는 견해는 잘못된 것으로 밝혀지고 있다.

다섯째, 비용문제를 들 수 있다. 유료 상담을 받으려면 돈이 많이 들어 상담비 지출이 부담스럽게 된다. 그러므로 오랫동안 상담을 받는 것은 경제적으로도 어려운 일이다.

단기상담의 특징은 단기간에 구조화된 상담기간의 제시, 구체적이고 명확한 상담목표의 합의, 상담의 구조화, 내담자의 현재 문제와 반복적인 대인관계에 치료 초점두기, 문제해결 중심의 접근, 긍정적인 상담사-내담자 관계의 형성 등을 들 수 있다.

문제해결을 직접적인 목표로, 단기라는 제한된 시간 내에 최대효과를 내고자 하는 특징은 다음과 같다.

첫째, 라포(rapport)형성이 중요하다. 상담의 단기적 진행과 내담자의 변화를 위한 상담은 시간이 제한된 경우나 위기에 개입해야 할 상황에서는 이러한 긍정적 관계가 더욱더 중요시된다.

둘째, 문제해결을 위한 접근을 한다. 내담자는 처음 상담 받으러 왔을 때 제시한 주된 호소의 문제가 무척 중요시되며, 상담목표도 이때 정하게 된다. 그러나 상담이 진행되면서 상담목표가 변할 수도 있으며 상담사는 변화하는 내용에 따라 수용해야 한다.

셋째, 말 속의 말을 찾아야 한다. 내담자의 말이 두서없이 파편화되어 있다고 해도 그 말을 한데 모아 핵심내용을 파악해야 한다. 현재 추세는 10회 이내의 단기상담을 요구하는 곳이 많고, 시간이 제한되어 있기에 내담자가 호소하는 문제의 본질이 무엇인지 빠르게 파악해야 한다.

상담사는 핵심문제를 중심으로 내담자의 현재 심리상태에 대한 분명한 평가를 초기에 이루어야 하며, 이에 초점을 맞추어 구체적인 치료계획을 세워야 한다.

넷째, 질문을 잘해야 한다. 내담자는 자기 중심성향에 맞게 말을 하게 되며, 상황에 따라서는 장황하게 말을 한다. 상담사는 적절한 시점에서 말을 끊기도 하고 질문도 해야 한다. 또한 상담사는 내담자가 질문의 내용을 이해하지 못하였거나 내담자의 말을 이해하지 못하였을 때 재질문을 하여야 한다.

다섯째, 상담목표의 제한성이다. 단기상담은 시간이 제한되어 있기 때문에 치료목표가 제한적으로 설정되어야 한다. 구체적인 행동의 변화가 치료목표로 설정될 수 있으며, 특정한 내적 갈등의 해소가 치료의 목표가 되는 경우에도 구체적인 행동 또는 정서적인 변화가 치료성공의 외형적 준거가 되어야 한다.

여섯째, 치료 초점이다. 상담자는 치료에 개입함에 있어서 초점을 맞추고 유지하는데 집중적으로 할 필요가 있다. 일반적으로 단기상담에서의 치료 초점은 내담자가 가진 현재의 문제 증상, 반복적인 문제로 나타나는 대인관계 등이다. 어린 시절 성장기의 경험 등을 다루며 이러한 내용들이 현재 삶에 어떠한 영향을 미치는지 살펴보아야 한다.

일곱째, 상담사는 즉각적이고 적극적인 개입을 강조한다. 상담과정에서 내담자의 변화를 위한 정서적, 심리적 지원과 상황에 맞는 과제를 주기도 하며, 상담기법의 선택 및 적용에 있어서 적극적인 역할을 한다.

일반적으로 내담자는 상담의 장기화를 기대하지 않으며 신속한 문제해결을 원한다. 상담회기의 수를 줄이고 비용을 줄일 수 있는 단기상담이 장기상담과 비슷한 효과를 가질 수 있다면 상담사와 내담자 모두 단기상담을 선호하게 될 것이다.

또한 단기상담은 장기상담과 달리 제한된 횟수와 시간 내에서 내담자의 변화를 이끌어 내야한다. 상담은 내담자 중심으로 이끌어 가야 하며, 내담자는 1회기 또는 10회기 이내의 상담을 받더라도 각 회기별 구조화를 통하여 내담자가 상담 이전에 비하여 상담 후 긍정적 변화가 일어나야 한다.

제 2장

단기 상담의 구조화

상담은 일반적으로 "과학이 아니고 예술이다."라는 말로 표현하고, 또 그렇게 알려져 있다. 숙련된 상담 솜씨 또는 기술은 과학처럼 배워서 알 수 있는 것이 아니라 오랜 세월의 수련을 통해서 자기도 모르는 사이에 몸에 깃든 것이다.

사람들의 이러한 통념은 상담에 대한 기술을 익히려고 하는 우리에게 기술적인 상담이 얼마나 어려운지, 효과적인 결과를 도출해 낼 수 있는 상담은 어떻게 해야 하는 것인지에 대한 진리를 말해주는 것이라고 할 수 있다.

그러나 상담에 대한 많은 것을 배우지 않고 이론적인 배경이나 근거가 없는 상담을 무작정 한다고 해서 상담 기술이 함양된다는 것은 아니다. 상담도 이론적 체계를 가지고 있는 학문의 한 분야인 만큼, 많이 배워야 잘 할 수 있다는 것이 정론이다.

상담소를 처음 찾아온 내담자는 상담사가 자신의 이야기를 듣고 문제를 해결하는데 도움을 줄 수 있을 것이라는 막연한 기대를 가지고 찾아올 뿐, 실제 상담이 어떻게 진행되며 자신이 상담 장면에서 어떤 역할을 해야 하는가를 명확하게 인식하지 못한다. 이것은 상담사가 내담자를 위해 설명해주고 가르쳐 주어야 할 부분이다.

내담자가 상담 장면에 편안하게 적응하고, 자신의 역할이나 상담사의 역할에 대해 알게 도와주는 것을 상담의 구조화라고 한다. 구조화를 위해 상담사는 친절하게 다양한 것을 설명해 줄 수 있는데, 여기에는 상담의 기간이나 시간, 상담비용, 비밀보장의 원칙 등이 포함될 수 있다(김환·이장호 공저, 2009: 158-159).

구조화는 상담의 모든 단계에서 이루어지지만 특히 상담의 초기 단계에서 매우 중요한 기능을 한다. 대부분의 내담자는 고정된 행동상태 때문에 상담실을 찾게 되는데, 이때 어떤 상태에 고착되어 행동변화에 대한 통제력을 상실하였다고 느낀다. 내담자가 삶의 새로운 방향성을 모색하도록 돕기 위해 상담사는 건설적인 지침을 제공한다(김춘경 외, 2010: 88).

1. 접수 면접

1) 접수면접의 중요성

첫 면접은 단기상담에 있어 중요한 부분을 차지한다. 상담사는 많은 기준에 근거해서 내담자를 평가하려 할 것이다.

내담자는 어떤 문제를 가지고 있으며, 그 문제는 현재 어떠한 영향을 미치고 있고, 표출된 문제는 얼마나 심각한지, 내담자는 상담사와 협력할 관심과 동기는 얼마나 있는지, 내담자가 가지고 있는 자원과 장점, 단점, 그리고 과거의 어떠한 경험이 현재 영향을 미치고 있는지 등을 사정하게 된다.

그리고 접수면접은 접수면접자가 진행하거나 상담사가 함께 진행하는 곳이 있는데, 이는 기관의 여건과 특성에 따라 다르게 나타난다.

내담자가 상담실을 방문하면 가장 먼저 이루어지는 것이 접수면접이다. 사람에게 첫인상이 중요한 것처럼 상담에서 접수면접은 매우 중요하다. 대다수의 상담기관에서는 내담자의 문제에 대한 잠정적인 진단이 접수면접자에 의한 접수면접 동안에 이루어진다.

접수면접은 내담자가 지닌 현재의 문제, 일반적인 삶의 상황, 대인관계의 기능에 대한 정보를 수집하기 위해 내담자와 함께 작업하는 첫 만남이다.

접수면접에서는 내담자의 외모, 행동, 심리동작 활동, 접수면접자에 대한 태도, 정서와 기분, 언어와 사고, 지각장애, 현실에 대한 방향성과 의식, 기억과 지능, 신뢰성과 판단력을 평가하는 작업이 이루어진다(김춘경 외, 2010: 85).

접수면접 시 파악해야 할 주요한 정보를 서술하면 다음과 같다.

- **내담자에 대한 기본 정보**: 성별, 생년월일, 주소 또는 연락처, 종교, 신체적 정신적 질병내력, 현재 투약 중인 약물, 신체적 장애, 상담 경험, 상담신청 경로 등을 파악한다.
- **외모 및 행동**: 내담자의 복장, 두발상태, 표정, 말할 때의 특징, 시선의 적절성, 접수면접자와 대화할 때의 태도, 예의 등에 관한 내용을 기록한다.
- **호소 문제**: 상담 받으러 온 이유, 목적, 배경 등을 파악한다. 호소 문제가 발생한 시기, 상황적 혹은 생물학적 배경, 문제가 발전

된 경로, 현재의 상태와 심각성 등을 구체적으로 듣는 것도 필요하다. 또한 그 문제와 관련된 대인관계, 직업적 또는 학업상의 고충이나 변화에 대한 설명도 요구한다.

호소문제는 내담자의 말과 용어를 그대로 기록하는 것이 바람직하다. 그렇게 해야만 내담자의 심정, 상황적인 정황, 도움을 청하는 절박함 등이 더 현실적으로 기술될 수 있고 내담자의 고유한 상황이 반영될 수 있기 때문이다.

■ **현재 및 최근의 주요 기능 상태:** 내담자의 호소문제가 내담자의 환경적, 심리적, 생화학적 기능을 급격히 저하시키는 요인으로 작용하였을 수도 있기 때문에 이러한 기능에 대한 정보를 수집할 필요가 있다.

■ **스트레스 요인:** 내담자에게 스트레스가 될 만한 조건으로는 대인관계의 불화, 의사결정, 선택적 상황, 공부, 성적, 시험이나 논문, 재정적 곤란, 신체 질병이나 허약, 가족원의 문제, 외로움, 권태, 공해, 날씨 등 다양할 것이다. 어떤 사람은 일반적인 상식에서 벗어나는 매우 특이한 것에 의해 스트레스를 받는 경우도 있으므로 접수면접자는 내담자의 입장에서 그것이 내담자에게는 스트레스원이 될 수 있음을 인식해야한다.

■ **사회적 지원체계:** 내담자는 '어려운 일이나 억울한 일 등 문제가 생겼을 때 상의하거나 하소연하거나 내 편이 되어 줄 만한 사람이 주위에 있을까?'라고 생각할 수 있다. 주변에 내담자를 지원할 수 있는 지원체계는 가족, 친구, 친척, 교사, 선후배, 이웃 등 다양하다.

만약 사회적 지원체계가 없거나 극히 빈약한 사람은 위기를 극복할 능력이 저하되거나 대인관계 기술이 극히 부족한 사람일 수 있으므로 접수면접자와 상담사가 각별히 신경을 써야한다. 적당한 지원체계가 있는 사람은 문제가 생겼을 때 도와줄 수 있는 자원이 풍부하므로 그만큼 예후가 좋다고 예상할 수 있다.

- **호소문제와 관련된 개인사 및 가족관계:** 내담자에게 '전에 비슷한 문제로 고민해 본적이 있으세요?', '전에는 같은 문제가 생겼을 때 어떻게 대처 했나요?'와 같은 질문을 함으로써 호소문제와 관련된 개인사를 파악한다.

가족관계에 대해 단순히 방만한 정보 수집보다는 호소문제와 관련지어 정보를 수집하는 것이 바람직하다. 내담자의 호소문제와 관련하여 그 가족의 행동이나 태도 등을 알아낼 수 있도록 질문하는 것이 효과적이다.

접수면접은 몇 가지 제한점을 지니는데, 그 중에서 가장 중요한 제한점은 상담사와 내담자 간의 신뢰와 협력관계가 형성될 겨를도 없이 민감하고 고통스러운 정보를 논의해야 한다는 것이다. 내담자는 일단 정기적으로 만날 상담사가 정해지면 자신의 문제를 다시 반복해야 한다는 것 때문에 불편해할 수도 있다. 따라서 접수면접 동안 접수면접자는 적극적 경청기술을 사용하고 내담자의 감정과 비언어적 행동에 주의를 기울임으로써 내담자를 편안하게 해주어야 한다.

접수면접에서 수집된 자료는 정확하지 않을 수도 있다. 접수면접에서 내려지는 진단은 항상 잠정적이다. 따라서 선정된 상담사는 내담자와의 신뢰관계가 확립되어 본격적인 탐색이 시작될 즈음 접수면접에서 파악된 내용들을 재확인할 필요가 있다(김춘경 외, 2010: 85-87).

이와 함께 첫 면접에서는 빠르지만 충분한 평가를 하는 것이 목표다. 상담사는 일반적으로 상담을 받고 싶은 문제가 무엇인지를 묻는다. 그런 다음에는 내담자의 이야기를 경청하고 공감하면서, 문제가 지속된 기간과 생긴 상황, 지금 찾아온 이유, 가족관계, 이전의 상담 경험, 이야기를 듣는 도중 생겨난 의문점 등에 대해 물어본다(이장호 외, 2008: 301).

초기면접 특유의 행동은 침묵이나 수줍음에서부터 미소나 수다에 이르기까지 다양하다. 침울함과 우울정서 간의 혼동은 상담과정에 중대한 영향을 줄 수 있다. 이러한 구분을 돕기 위하여 그가 상담 장면에 와 있는 이유와 그것에 대해 어떻게 느끼는지에 대한 내담자의 지각을 탐색하는 것이 바람직하다.

효과적인 한 가지 방법은 내담자가 행복, 슬픔, 광기, 겁에 질림, 걱정스러움을 느끼게 만드는 것들을 그들과 함께 탐색하는 것이다. 각 정서 상태와 내담자가 식별할 수 있는 것과 그렇지 못한 것을 탐색하는 것은 내담자의 자기인식에 대한 감각과 결과에 대한 이해를 돕고 상담에서의 잠재적 예후와 성공에 대한 징후가 될 수 있다(이규미 외 역, 2009: 109).

단기상담에서 첫 면접이 잘 진행되면 내담자는 힘을 얻고 상담에 참가하는 동기가 증가한다. 긍정적인 상담관계로 이어지기 위한 토대가 마련되고 내담자는 상담과정을 이해하게 된다. 이를 위해서 상담사는 내담자 중심의 상담을 하여야 하며, 내담자는 첫 회기에서 지지와 격려, 공감 등을 체감하여야 한다. 즉, 내담자는 상담에 대한 긍정적 사고를 가지게 되고 다음 상담을 기대하며 상담소를 떠날 수 있어야 한다.

2) 접수면접의 준비사항

상담사는 상담면접에 앞서 몇 가지 준비를 갖추어야 한다.

먼저, 상담사는 상담과 관련된 이론적 지식을 갖추어야 하고 실제 상담 경험을 쌓아야 한다. 또한 상담과 관련된 전문적 자질의 준비뿐만 아니라 내담자의 문제해결에 방해가 되지 않게 상담사 자신이 원만하고 유연한 성품을 갖추는 인간적 자질도 준비해야 한다.

상담사가 면접에 임하기 전에 준비해야 할 사항들이 있다. 여기에는 외모와 복장과 같은 첫인상에 영향을 주는 요소나 면접 자료의 검토와 같은 것이 있다(김환·이장호, 2009: 141-144).

(1) 첫인상

내담자가 상담사에 대해 갖는 첫인상은 매우 중요하다. 내담자는 대개 상담사의 모습에 대한 어떤 기대를 가지고 있는데, 이런 기대가 충족되었을 때 비교적 쉽게 상담 장면에 적응할 수 있다.

상담사에 대한 첫인상은 흔히 상담사의 복장이나 상담실의 분위기 등의 일반적인 요인에 의해 결정될 수 있다. 동양 문화권에서 상담사는 비교적 보수적인 복장을 하는 것이 바람직한데, 여기서 말하는 보수적인 복장이란 넥타이를 맨다든지 정장을 하는 것을 말한다.

미국 같은 사회에서는 군이 정장을 하지 않고 오히려 자연스럽고 활동적인 복장을 하는 편이 내담자에게 보다 편안한 기분을 준다고 볼 수 있다. 그러나 우리나라의 경우에는 보수적인 복장의 상담사를 내담자 쪽에서 기대하는 것이 보통이다. 다시 말해서, 상담사가 아무렇게나 자유로운 복장을 차려입고 있다면 내담자는 상담사가 자신을 깔보거나 중요하게 생각하지 않는다고 오해할 수 있다.

첫인상에서 상담사의 외모, 특히 얼굴이 영향을 주는 경우가 많다. 이는 얼굴이 잘나고 못나고의 이야기가 아니라 얼마나 나이가 들어 보이느냐 하는 문제이다. 일반적으로 상담사라고 한다면 나이가 지긋해 보이는 중년 상담사를 기대할 수 있다. 대개 의지하고 싶고 조언을 얻고 싶은 내담자는 연륜 있어 보이는 상담사 상을 기대하기 마련이다.

그런데 상담사가 자신의 예상보다 어리다거나, 여자 상담사를 기대했는데 남자라거나, 또는 그 반대일 경우에 내담자는 다소 놀랄 수 있다.

상담사는 내담자에게 자신을 분명히 소개하고 내담자가 만나야 할 사람을 만나고 있다는 확신을 가지게 해야 한다. 때로는 젊어 보이는 상담사가 분명한 태도로 말을 하고 충분히 내담자를 다룰 수 있음을 보여줄 때 내담자는 상담사에게 더 큰 신뢰를 갖게 되기도 한다.

그러나 이런 것은 쉽지 않은데 단순히 말로 자신의 경력을 전달하는 것이 아니라 행동으로 내담자를 충분히 다룰 수 있음을 보여주어야 하기 때문이다. 이 과정에서의 핵심은 내담자가 상담사에게 어떤 첫인상을 받았고, 그것이 평소 내담자가 가지고 있던 기대가 어떤 것인지를 확인하는 것이다.

때로 어떤 내담자는 상담사의 경력을 직접적으로 묻거나 외모가
젊다는 것을 직접적으로 지적하기도 한다. 이럴 때 상담사가 화를 내
며 "젊어보여서 믿음이 안 간다는 말씀이신가요?"라고 말할 필요는
없다. 가만히 내담자의 이야기를 들어주다가 기회가 되었을 때 자신
의 경력과 능력을 전달할 수 있으면 된다. 즉, 입으로 전달하는 것보
다 몸으로 보여주는 것이 가장 효과적이다.

자신이 석사를 마쳤고, 박사를 마쳤고, 몇 년의 상담 경험이 있다
고 말하는 것보다 내담자의 의구심 어린 질문에 대해 "많은 사람들
이 저를 처음 보면 그러기도 합니다."라면서 여유 있게 받아들이는 모
습을 보여 주면 내담자의 의심, 의아함, 불일치감이 자연스럽게 사라
질 수 있다.

(2) 면접 자료의 사전 검토

상담이 시작되기 전에 내담자에 관해서 사전 지식을 가지는 것이
필요하다. 경우에 따라서는 내담자의 이름만 아는 수도 있고, 내담자
에 관한 인적 사항이나 과거의 생활 배경까지 아는 경우도 있다.

어떠한 경우이건, 아무런 사전 지식 없이 내담자와 상담을 시작함
으로써 예기치 않았던 정보나 과다한 자료 때문에 상담사가 압도되
어서는 안 된다. 갑자기 많은 정보를 접하면 상담사는 객관적인 입장
을 잃기 쉽고 정신적으로 위축되는 경우가 많기 때문이다. 내담자에
관한 정보를 사전에 수집하고 정리하는 데에는 다음과 같은 것들을
염두에 두어야 한다.

첫째, 내담자를 만나기 전에 얻을 수 있는 모든 정보를 정리해 보는 것이다. 예를 들어 상담신청서에 나타나 있는 출신 학교나 직업, 과거의 상담 경험의 유무 등이 필요한 사전 정보가 될 것이다.

둘째, 이러한 사전 정보를 상담계획에 어떻게 활용할 것인가를 미리 생각해 보는 것이 중요하다. 이러한 상담 전의 생각이나 계획은 선입견이나 기정사실화된 관점을 토대로 하는 것이 아니라 어디까지나 임시적이고 신축성이 있어야 한다. 즉, 실제로 내담자를 만났을 때 융통성 있게 대응할 수 있어야 한다.

2. 초기상담

첫 면접 회기를 끝맺을 때, 치료자는 앞으로의 치료에 대한 잠정적 계획을 세우기 시작해야 한다. 이러한 계획은 아주 상세하지 않아도 되며, 끝까지 고수해야 할 필요도 없다. 그러나 치료 작업을 위해서는 약간의 계획이나 지침을 마련하는 것이 바람직하다.

기본적으로 치료자는 내담자의 주요 문제로 보이는 것, 잠재적으로 가장 효과적일 것으로 보이는 접근이나 절차, 그리고 치료과정에서 생길 수 있는 가능한 어려움에 중점을 둔다.

앞으로의 치료에 대한 계획은 이런 방식으로 세워진다. 이 같은 계획은 치료자가 후속되는 상담 회기와 상호작용 속에서 내담자에 대해서 더 많이 알게 됨에 따라 수정될 수 있을 것이다. 따라서 치료자는 유연성을 가지고 계획을 세우지만 그렇다고 치료 회기에서 치료자가 시도하는 것이 방향성이 없는 것은 아니다(권석만 외 공역, 2006: 105).

상담사는 초기상담에서 내담자와의 관계형성과 의사소통이 중요하다. 이러한 상호작용은 정서적인 것이기에 상담사가 따뜻하고 신뢰감을 줄 수 있는 자연스럽고 편안한 능력을 갖추고 있을 때 내담자를 더 빨리 이해하게 된다. 상담사 자신이 안정되어 있으며 내담자에게 관심을 보인다면, 내담자는 상담사에게 반응을 보이게 될 것이다. 내담자는 자기 방식대로 상담사를 이해하게 되며, 상담의 효율성을 위해 상담사나 내담자 모두 서로를 이해하여야 한다.

초기상담에서 상담사는 경청, 지지, 공감 등 치료적 기법을 활용하여 구체적 영역에 대한 내담자의 자기 탐색을 도우며, 내담자가 도달하고자 하는 목표를 설정하도록 돕는다. 또한 상담을 구조화하고 경청하며 목표설정을 도와줌으로써 내담자와 관계형성(rapport)을 한다.

상담사는 내담자가 신뢰할 수 있도록 치료 초기에 외모나 첫인상에 신경을 써야하며, 부드럽고 따스한 태도를 보여주어야 한다. 또한 전문가로써 전문성과 여유로움을 전달할 수 있으면 좋다. 이런 상담사의 모습이 내담자에게 느껴지고 전달될 때 내담자는 편안하게 자신을 드러내고 상담에 임하게 된다. 이를 통하여 내담자로 하여금 긍정적 변화가 나타나도록 조력해 주는 것이다.

상담의 발전단계에서 중요한 과제는 상담의 시작 단계에서 형성했던 좋은 상담관계를 유지하는 것과 내담자가 자신의 문제와 관심사를 탐색하고 명료화하고 규정하도록 도와줌으로써 상담과정을 진전

시키는 것이다. 그러므로 이 단계에 가장 필요하고 효과적인 기술은 내담자에게 자기 자신에 대한 이해와 함께 내담자가 안고 있는 문제에 대한 이해를 증진시킬 수 있는 기술이다. 물론 이러한 기술들은 이 단계뿐만 아니라 상담의 모든 단계에서도 효과적으로 사용될 수 있을 것이다(노안영·송현종 공저, 2007: 121).

초기상담의 초점을 수립하는 중요한 요소는 내담자의 삶에서 중요한 사건과 경험이 내담자의 증상과 최근 고통에 어떻게 연관되어 있는지를 알아내는 것으로, 이는 감각이 발달된 상담사의 능력이다.

숙련된 상담사는 내담자의 언어 사용과 정서적 각성 수준에 주의를 기울여 자신의 내적인 감각을 내담자에게 의미 있게 사용하는 능력을 가지고 있다. 이것은 상담사의 경험적 수용력과 인지기능에 대한 지식을 반영하는 의미로 내담자와의 실제적인 경험과 상담사의 삶의 경험 그리고 상담사의 이론적 지식의 융합이다. 이러한 수용력은 초기 치료 때 탄력적이고 민감한 방식으로 개입하게 한다(Elliott et al, 2005: 146).

그러나 초기상담에서 내담자는 상담사가 자신을 이해해줄 사람인지 확신할 수 없기 때문에 중요한 문제를 잘 드러내지 않는다. 내담자가 자유롭게 자신의 감정, 생각, 경험들을 드러낼 수 있도록 허용하고 경청, 지지, 공감하는 것은 상담의 중요한 측면으로서 어떤 사람들에게는 이것만으로도 변화가 되기도 한다.

초기상담에서 상담사는 내담자가 자신에게 어떻게 반응하는지, 그리고 관계가 어떻게 발전되어 가는지를 평가할 수 있어야 한다.

상담사는 내담자의 무의식에 잠재하고 있는 부정적 반응을 알아냈다면 그것을 탐색하고 명료화 하여야 한다. 이 시기에 상담사와 내담자는 관계형성(rapport)을 하여 긍정적 상담 관계를 확립해야 한다. 이는 내담자에 따라 상담에 호의적이든 부정적 성향을 보이든 상담사는 내담자를 도우려는 진실한 마음과 이해가 있어야 하며 경청, 지지, 격려, 공감 등을 통해 동맹을 형성하여 효율적인 상담이 되도록 하여야 한다. 이와 함께 상담사는 내담자에 관한 선입견이나 편견을 가져서는 안 되며, 상담의 안전함과 신뢰감을 주어야 한다.

그러나 상담사도 완벽할 수 없기 때문에 내담자의 문제를 잘못 평가하거나 중요한 부분을 놓칠 수도 있다. 상담 초기에 내담자에 대해 평소와 다른 지나치게 강한 감정을 느낀다면 다른 상담사에게 의뢰할 것을 고려해 보아야 한다. 상담사가 내담자를 두려워하거나 내담자에게 성적 매력을 느낄 수도 있으며, 역전이가 일어나 개인적으로 혐오하거나 가치관이 달라 대화가 통하지 않는다고 느낄 수 있다.

이러한 문제들은 상담 초기부터 나타나기에 상담사는 내담자의 반응뿐만 아니라 자기 자신의 반응을 평가하여 상담의 방향을 올바로 설정해야 한다. 이와 함께 상담사는 자신의 전문분야를 넘어선 상담 내용이 전개되었을 때에 내담자에게 양해를 구하고 다른 전문상담사에게 의뢰하여야 한다.

그러나 내담자를 다른 상담사에게 의뢰하는 경우 단 한 번의 상담을 한 경우라 해도 심각한 문제를 일으킬 수 있다. 만약 첫 번째 상담에서 상담했던 상담사가 내담자를 상담할 수 없는 경우라면 이러한 사실을 내담자에게 알려주어야 한다. 이러한 일들이 내담자에게 이해된다 하더라도 상담사는 상담 초기의 전이와 치료 의뢰과정에서 내담자에게 일어날 수 있는 일들을 생각해야 한다.

예를 들어 내담자가 어린 시절 자신의 의사와 관계없이 부모의 곁을 떠나 조부모나 친척에 의하여 양육되었거나 내담자보다 더 젊은 상담사에게 의뢰된다면, 그는 자존심에 상처를 받게 될 것이다. 따라서 내담자를 위한 중심 역동을 이해하거나 주의를 집중해야 하고 분석 결정이나 의뢰 상황에 대한 내담자의 반응에 세심한 주의를 기울여야 한다(이근후 외 역, 1992: 112-113).

3. 중기 상담

상담의 중기가 시작되면 상담사는 상담의 진행과정에 대해 생각하고 초기에 가졌던 생각을 수정하거나 확인하여야 하며, 경우에 따라서는 내담자의 요구에 따라 상담의 목표를 재수정 하는 등 능동적으로 대처해야만 한다. 즉, 내담자에게 관심을 보이고 경청하며, 공감하여 내담자의 감정과 관심사를 반영해 주어야 한다.

내담자는 초기상담에서 얻은 지식의 일부를 적용하고 자기에 대한 이해를 넓히기 시작한다. 이전에 제기되었던 점들을 확장하고 실제에서 검증하고, 질문하고, 수정한다.

심리치료의 중기는 치료의 비중이 크며 내담자의 변화에 있어서도 중요한 부분을 차지한다. 초기상담에서는 내담자에 대한 깊숙한 탐색이나 질문을 피해야할 수도 있지만 중기에서는 내담자의 문제를 더 잘 이해하게 되고 관계가 더 발전되었다고 생각할 때까지 깊이 있는 탐색이나 질문을 하게 된다.

상담사는 이전에 다가가기 힘들었던 내담자의 신념, 지각, 행동들을 언급할 수 있으며, 내담자는 그러한 것들에 직면하게 되고 이전의 치료에서보다 상담사와 내담자는 더욱 적극적인 상호교류가 일어난다.

심리치료의 중기가 시작되면서 상담사와 내담자는 치료과정이 어떤 것이며 치료를 통해 무엇을 성취하기를 원하는지에 대해 보다 명확히 알게 된다. 대부분의 경우에 치료자는 무엇을 해야 하는가에 대한 자신의 처음의 생각을 수정하거나 확인한다. 그리고 치료계획이 제대로 적용되는지를 검토하기 시작한다.

치료자의 역할과 활동 중 어떤 측면들은 남은 치료 기간 동안에도 계속 유지되고 지속될 것이다. 치료자는 계속해서 내담자에게 관심을 나타내고 주의 깊게 공감하는 경청자가 되어야 하며, 내담자의 특정한 활동과 절차를 더 많이 사용할 수도 있다. 또한 치료자는 정보제공, 역할연기, 인지적 재구조화, 이완, 숙제 할당, 그리고 유용한 것으로 보이는 다른 절차와 기법들도 사용하게 된다(권석만 외 역, 2006: 140). 이와 함께 통찰유도, 자각, 명료화 등 유용한 기법을 사용하게 된다.

상담사는 내담자의 일상생활에서 중요한 사람들과의 관계에 관한 상호작용에 비중을 두고 상담에 임하게 된다. 이는 현재 일어나고 있는 문제(가족문제, 주변사람들과의 갈등, 직장에서 상사나 동료와의 어려움 등)들이 내담자가 원가족에서 경험하고 고착된 미해결과제가 무의식에 잠재하고 있다가 주변 상황에 의해서 의식으로 표출된 모습이기 때문이다.

다시 말하면 콩이 싹이 트고 자라기 위해서는 온도와 습기, 그리고 토양 등의 조건이 맞아야 하듯이 갈등의 문제가 나타나기 위해서는 주변상황과 여건이 갈등의 조건에 적합해야 활성화된다는 것이다. 따라서 내담자 현재의 패턴(pattern)과 행동의 결과를 변화시키고 전반적인 적응에 기여하는 활동을 재구조화하도록 피드백을 해주어야 한다.

상담이 지속됨에 따라 상담사는 내담자를 불안정하게 만들고 염려하게 했던 사고나 행동방식에 대해 더 깊이 이해하게 된다. 상담사는 감정을 반영하는 빈도가 점차로 줄어들고, 내담자의 인지나 기대에 대해 초점을 두고 그에 대한 이야기를 더욱 많이 하게 된다.

상담사는 내담자를 탐색하면서 말로 표현되지 않은 사고와 이와 연결되거나 파생된 것으로 보이는 정서 및 행동 간의 연결과 결합에 주목할 수 있다. 내담자의 성향과 부정적인 결과를 변화시키고자 할 때, 일차적으로 내담자가 가지고 있는 관련성을 지적하는 것이 중요하다.

상담사는 상담 중 일어날 수 있는 내담자의 생활 속 사건이 주는 영향을 주시하고 다루어야 한다. 상담 장면에서 자신의 상담 기법이나 지침을 가지고 상담 계획을 가질 수 있으나, 내담자의 삶에서 어떤 위기나 예상치 않은 일이 일어날 때에는 우선적으로 초점을 맞추어야 한다.

예를 들어 내담자는 사랑하는 사람과의 이별, 이혼 위기, 실직, 가족의 죽음 등은 감당하기 어려운 충격을 받게 된다. 이러한 어려움에 대한 감정을 표현하도록 돕고, 공감과 지지 등을 통하여 대처 능력을 키워주어야 한다. 또한 경우에 따라서는 문제 상황에 회피하지 않고 직면하게 하여 스스로 해결할 수 있는 힘을 갖추도록 해야 한다.

4. 상담의 종결

모든 생명체가 어느 시점에서는 자연스러운 종말에 이르듯이 심리치료도 마찬가지다. 따라서 상담사는 심리치료의 일상적인 과정으로 종결을 예견하고 있어야 하며, 어느 시점에 도달하면 내담자 역시 치료가 끝난다는 생각을 하기 시작할 것이다.

만일 치료가 잘 이루어졌고 치료자와 내담자간의 관계가 좋았다면 분리감이라는 정서를 경험할 수도 있다. 이러한 현상은 정상적인 것으로 볼 수 있으며, 중요한 경험을 함께 나누었던 상담사와 내담자가 현실적으로 경험할 수 있는 것으로 받아들인다(권석만 외 역, 2006: 181).

종결은 상담 부분에서 중요한 부분이므로 계획적이고 기술적으로 다루어야 하며, 상담사는 내담자가 갖는 심리·정서적 요인을 고려하여 신중하게 계획하여야 한다.

상담사는 종결에 대한 방어에 관한 정보를 얻기 위한 방법으로 종결이 다가오고 있음을 언급해야하며, 명료화, 지지, 격려 등을 통해 중심 문제를 다루게 된다.

상담기간 중 내담자는 상담사에게 의존하게 되며, 종결에 대한 아쉬움과 이별과 분리에 관한 정서를 경험하게 된다. 따라서 상담사는 내담자에게 종결 몇 회기 전에 종결에 대한 고지를 하여야 하며 애도 기간을 가져야 한다.

적절한 치료 종결은 다른 모든 중요한 단계에서와 같이 내담자의 이해에 달려있다. 상담사는 근본 문제를 명확하게 이해하는 동시에 현재의 자료와 증상, 생활에서의 행동, 전이에 나타나고 있는 힘의 위치를 명확하게 이해하여야만 한다.

종결의 문제는 동기의 이런 중요한 영역들이 잘 훈습되었다고 판단할 때 신중하게 제기된다. 더욱이 실제의 치료는 상담실이 아닌 생활 속에서 일어난다. 이는 치료과정이나 치료 이후에 그러하다. 따라서 내담자는 자신의 힘으로 해결해야 하며, 치료 경험에서의 정서적 통찰에 의해 학습한 것을 생활에서 어떻게 사용하는지에 대해 책임이 있다.

치료 후 내담자가 전이에 덜 몰두함으로써 전이 해결에 상당히 증진될 수 있고 결과적으로 내담자는 더 많은 것을 배울 수 있게 된다 (이근후 외 역, 1992: 282-283).

시간의 제한이 있는 단기상담에서는 내담자들이 종결을 예상하고 있는 상태에서 자연스럽게 종결을 다루어가야 한다. 단기상담에서 내담자는 긍정적인 결과를 얻기 위해 시도하고 노력할 수 있는 시간이 제한되어 있다는 것을 안다. 이것은 치료과정에 매우 긍정적인 동기를 유발한다.

단기상담에서는 장기상담과는 달리 내담자가 상담사에 대해 강한 애착이 형성될 기회가 많지 않지만 상담사는 종결이 갖는 의미를 잘 고려하여 신중하게 계획하여야 한다.

종결을 고려해야 할 부분은 내담자와 상담사 그리고 치료기간이다. 이들은 서로 상호 작용할 수 있으며 이러한 경우 심리상담 과정뿐만 아니라 종결에 미치는 영향도 크게 된다.

1) 내담자 요인

내담자는 상담 및 상담사에 대한 의존성 측면에서 다양할 수 있으며 대부분의 내담자들은 상담을 통해 긍정적인 결과를 얻었을 경우에 종결을 예측하게 되고 자연스럽게 받아들인다.

그러나 의존성이 심하거나 외적인 지지체계가 거의 없거나 상담사에게 강한 애착을 느끼는 경우 종결은 불안을 야기시키기도 한다. 이러한 내담자는 분리불안과 상담사에게 거절당하는 듯한 기분을 느낄 수 있다.

때문에 상담사는 상담과정에서 내담자의 지나치게 의존적인 행동을 강화하지 말아야 한다. 또한 상담사는 의존적인 내담자들이 상담사와 상담과정으로부터 분리될 수 있도록 준비시키는데 많은 주의를 기울여야 한다. 이를 위하여 종결 몇 회기 전부터 종결을 고지하여야 하며 애도작업을 가져야 한다.

상담사가 볼 때 내담자가 지나치게 상담사에게 의존적이라고 생각될 때에는 치료 초기에 앞으로 있을 종결 문제를 꺼내서 이를 현실적으로 다루는 것이 바람직하다. 그러나 대다수 내담자들은 종결을 인지하고 있으며 어떤 경우에는 상담사가 이야기 꺼내기 전에 종결을 제안하기도 한다.

2) 상담사 요인

상담사는 종결과 관련되어 문제들의 원인이 되기도 한다. 어떤 상담사는 그들 자신의 개인적인 욕구 때문에 환자의 의존성에서 만족감을 얻을 수도 있으며, 실제로 그런 행동을 조장하기도 한다. 이러한 상담은 정상적인 종결을 어렵게 만들기도 하며 다른 문제들까지 일으킬 수 있다.

다른 경우는 상담사가 내담자에게 역전이를 일으켜 지나치게 관여하는 것이다. 이러한 경우 상담사는 내담자와의 관계에서 만족스러워하면서 그 관계를 지속적으로 유지하려고 한다. 내담자가 종결문제를 꺼내거나 사전에 예정된 종결시기가 다가올수록 상담의 종결은 더욱 어려워진다. 이는 상담관계에서 상담사가 피해야할 요인으로, 내담자의 입장에서 유익한 상담을 수행할 수 있는 능력을 저해시킨다.

어느 경우이든 상담사가 상담에서 바람직한 정도 이상으로 관계를 지속하기를 원할 경우 내담자의 말에 대한 상담사의 민감성은 감소된다. 내담자는 종결이 준비되어 있음을 이야기 할지라도 상담사는 이를 귀담아 듣지 않을 수 있다. 상담사는 내담자가 실제로 상담을 종결할 준비가 되지 않았다고 믿거나, 치료를 연장함으로써 경제적 이익을 얻을 수 있을 것이라고 믿거나 또는 내담자가 상담사를 더 이상 못 만나게 된다면 그 결과가 안 좋게 될 것이라 믿는 경우이다. 이러한 상담사의 욕구는 상담의 효과성에 부정적 영향을 미치게 된다.

따라서 상담사는 가능한 객관적이어야 하며, 내담자의 복지에 우선순위를 두어야 한다.

3) 상담 기간

단기상담에서는 일반적으로 상담을 시작하는 시점에서 상담이 얼마간 지속될지 내담자와 정하는 것이 바람직하다. 이러한 경우 내담자는 전반적인 상황을 파악하게 되고 시간과 돈이 얼마나 들지 생각해 본다. 또한 상담사는 초기 상담 후 앞으로 얼마나 더 해야 할지 정확하게 알 수 있을 것이라고 이야기 할 수도 있다. 이는 내담자에게 상담이 얼마나 지속될 것인지에 대한 현실적인 추정과 종결시점에 대한 생각을 가질 수 있게 해준다.

상담기간 동안 내담자가 종결에 관해 직접적이거나 간접적으로 언급하거나 질문을 할 수 있다. 상담사는 그러한 언급들에 대해 논의를 해야하며, 왜 그런 질문을 하게 되었는지 파악해야 한다.

예를 들어 내담자가 상담 기간이 길다거나 상담 전에 비해 변화가 없다는 것을 언급할 경우, 상담사는 내담자의 상담에 대한 느낌을 명료화해야 한다. 상담사는 상담과정에서 말 속의 말을 찾아야 한다. 상담사는 가능한 모든 의미에 민감해야 하고 무엇을 표현하고 있는지 이해하기 위해 내담자의 표현을 명료화해야 한다.

상담사의 역할과 상담의 목표에 대해 그림 1에서 도식으로 나타내었으며, 이 도식은 상담 관련 장·단기상담 모두에 적용된다.

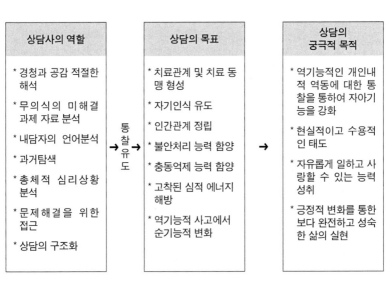

상담사의 역할

* 경청과 공감 적절한 해석
* 무의식의 미해결 과제 자료 분석
* 내담자의 언어분석
* 과거탐색
* 총체적 심리상황 분석
* 문제해결을 위한 접근
* 상담의 구조화

→ 통찰유도 →

상담의 목표

* 치료관계 및 치료 동맹 형성
* 자기인식 유도
* 인간관계 정립
* 불안처리 능력 함양
* 충동억제 능력 함양
* 고착된 심적 에너지 해방
* 역기능적 사고에서 순기능적 변화

→

상담의 궁극적 목적

* 역기능적인 개인내적 역동에 대한 통찰을 통하여 자아기능을 강화
* 현실적이고 수용적인 태도
* 자유롭게 일하고 사랑할 수 있는 능력 성취
* 긍정적 변화를 통한 보다 완전하고 성숙한 삶의 실현

[그림 1] 상담사의 역할과 상담의 목적

제 3장

의식과 무의식의 영향

1. 의식과 무의식의 이해

정신분석의 창시자인 프로이드(Sigmond Freud)는 사람의 마음에 대한 연구 끝에 사람의 마음속에는 독립된 두 영역이 있음을 발견했다. 프로이드가 말한 두 개의 영역 중 하나는 의식의 영역이고 다른 또 하나는 무의식의 영역이다.

의식과 무의식은 모든 사람이 가지고 있는 정신세계이다. 그리고 그 단어가 뜻하는 바가 무엇인지 잘 모르는 사람들까지도 너 나할 것 없이 평상시 많이 써온 친숙한 단어이다.

인간의 마음속에 머무르면서 그 사람의 마음의 세계를 관리하는 심리기제인 의식과 무의식은 서로 맡은 바 역할이 다르다. 의식은 사람의 생각을 만들어 내는 일을 하고, 무의식은 그 사람의 느낌을 만들어 내는 일을 한다. 사람의 생각과 느낌은 서로 다른 마음의 영역에서 만들어지는 것으로서 그 사람의 인간된 모습을 외부에 있는 사람들에게 전달해 주는 역할을 한다.

의식에서 만들어지는 생각이 사람의 의지에 의해서 만들어지는 것이라면 무의식에서 만들어 지는 느낌은 사람의 의지와는 전혀 상관 없는 무의식이 만들어낸다(임종렬, 2002: 47).

생각과 느낌은 정신분석학에서 주로 다루는 심리분야이다. 정신분석은 오랜 연구의 역사적 과정 속에서 인간이 조정할 수 없는 무의식에 대한 본질을 알아보고자 했다.

무의식의 본질을 한마디로 줄여서 말한다면, 인간이 인지하고 이해하고 종용할 수 없는 의식이 알지 못하는 심리영역이다. 무의식은 인간의 마음 속 깊은 곳에 자리를 잡고 인간의 운명을 결정해주는 엄청난 일을 한다.

무의식의 영역에는 인간이 태어나서 살아온 지금까지의 모든 것, 특히 잊어버렸다고 생각하는 과거의 모든 경험들이 버려지지 않은 채 저장되어 있는 크기와 넓이를 알 수 없는 거대한 저장창고라 할 수 있다.

1) 의식(Consiousness)

의식이란 개인이 자기 자신에게 주의를 기울이는 바로 그 순간에 알아차릴 수 있는 정신생활의 일부분이나 깨어 있을 때 작용하는 마음의 일부분으로, 합리적인 사고와 신중한 행동을 하도록 이끌어 준다(권육상, 2006: 137).

의식이라 불리는 정신과정은 한 개인이 어느 순간에 인식하고 있는 모든 것(예: 감각, 지각, 경험, 기억 등)을 대표한다. 그러나 프로이트는 각 개인이 인식할 수 있는 것은 정신생활의 극히 작은 부분에 지나지 않는다고 믿었으며, 빙산의 일각에 불과하다고 하였다(김동배·권중돈, 2000: 180).

이와 함께 의식은 개인이 보고, 듣고, 만지고, 냄새 맡고, 맛보는 것과 같은 여러 가지 감각을 인식하고 슬픔, 고통, 유쾌 같은 것을 그 순간에 쉽게 알아차릴 수 있는 정신생활의 영역 즉, 깨어 있을 때 작용하는 의식의 영역이다(권육상, 2003: 72).

의식이란 사람이 깨어 있을 때 무엇인가를 항상 생각하거나 느끼고 있으며 직접적이고 주관적인 체험을 가지고 있는데 이를 총칭하여 의식이라 한다. 또한 의식은 개인이 현재 자각하고 있는 생각을 포함하여 우리가 직접 알고 있는 정신의 부분이다. 그리고 의식은 자아를 통해 자신을 외부에 표현하고 외부 현실을 인식한다.

의식의 내용은 새로운 생각이 정신에 들어오고, 오래된 생각은 물러나면서 계속적으로 변한다. 그 기능은 객관 세계를 인식하는 기능, 미래를 예측하고 목표를 정하여 목적을 세우며 동시에 그 목적에 부합하는 행동을 위한 계획을 만드는 기능, 결정하고 결단을 내리는 기능, 나아가 행동의 규범·가치의 설정, 행동, 그 목적과 수단의 평가 기능 등이다.

이것들은 과학과 도덕 등 사회적 의식의 여러 형태를 만든다. 이렇게 의식은 복잡한 사회생활을 통제하고 물질세계를 실천적으로 변혁하는 기관으로서 역할을 한다.

2) 무의식(unconsciousness)

과거는 개인의 생활 속에서 매순간마다 무의식에서 생생하게 지속되고 있다. 현실적 시간과 시간에 대한 무의식적 의미가 합쳐져서 현재의 시간이 지각된다. 그리고 모든 현재의 시간은 분리될 수 없는 과거, 현재, 미래의 결성체이다(박영숙·이근후 역, 1993: 15).

무의식에는 타인과 마찰 없이 살아가기 위해서는 참아야만 하고 현실에서는 용납되지 않는 정신적 에너지들이 항상 꿈틀대고 있으며, 무의식이 원하는 생각이나 행동을 전의식을 통해서 의식으로 보내려고 한다. 그렇게 보내진 내용들이 전의식에서 까다로운 검사를 통과해 조금 변형된 사회적인 모습으로 의식에 도달하면서 정신 작용이 일어나기 때문에 무의식은 특히 역동적일 수밖에 없다.

나아가 무의식에서 원하는 바를 전달하려는 욕구나 과정이 없다면 정신 활동이 활발하고 지속적으로 일어나지 않기 때문에, 무의식은 정신 구조에서 에너지원이 된다(심리학용어사전, 2014).

무의식이란 전적으로 의식 밖에 존재하는 것으로, 일생동안 경험한 지식이나 감정 또는 경험이 모두 저장되는 영역으로 인간의 마음에 가장 큰 부분을 차지하고 있다. 이러한 무의식은 인간정신의 가장 크고 깊은 심층에 잠재해 있으면서 의식적 사고와 행동을 통제하는 힘을 가지고 있다(권육상, 2006: 137).

프로이트는 무의식이 작용하는 증거로 잘 알고 있는 사람의 이름이나 인상, 그리고 생활상의 경험을 잊어버리는 경향, 소유물을 잃어버리는 경향, 말실수, 실수로 잘못 쓴 문장, 틀리게 읽는 것, 행동상의 실수를 하는 것 등을 제시하였다(김동배·권중돈, 2000: 181).

정신분석 이론에 따르면 인간은 무의식적인 존재다. 사람들은 자신에 대하여 극히 일부분만을 깨닫고 있을 따름이며, 깨어있는 의식은 무의식의 지배를 받는다. 사람들이 겪는 심리적 문제는 무의식이 작용한 결과다. 무의식의 저장고에 고이 있어야 할 고통스런 기억들이 마음의 방어력이 약해진 틈을 타고 의식 상태로 올라오려 하는 과정에서 심리적 증상이 형성된다. 이런 의미에서 심리적 증상은 무의식적 활동의 결과이다(이장호 외, 2008: 63).

무의식이란 인식되지 않는 마음의 영역이며 본능, 욕망, 꿈, 유아적 기억, 마음속에 잠재된 소망이 약 90% 이상 차지하고 있다. 무의식은 개인이 자신의 힘으로는 의식으로 떠올릴 수 없는 생각이나 감정들을 포함하고 있으며, 또한 무의식 속에는 자신이나 사회에 의하여 용납될 수 없는 감정이나 생각 혹은 충동들이 억압되어 있다. 그와 같이 억압되어 있는 무의식의 내용들은 개인으로 하여금 내적 갈등을 경험하게 되며, 변장하고 상징화된 형태로 나타난다.

프로이트는 이와 같이 변장되어 무의식으로 내재되어 있는 경험들을 의식수준으로 끌어내기 위해서는 상담이나 심리치료의 도움을 필요로 한다고 하였다.

무의식이 존재한다는 증거로 불쾌한 일은 쉽게 잊는다거나, 부지중 설명할 수 없는 행동반응을 보인다거나, 꿈을 꾼다거나, 잘못 튀어나온 말 등을 들 수 있다(권육상, 2003: 73).

무의식은 프로이트가 가장 중요하게 생각했던 자각의 수준이다. 정신의 가장 깊은 수준에서 작동되는 것으로 우리가 자각하지 못하는 경험과 기억으로 구성된다. 무의식은 본능에 의해 지배되며 모든 행동의 배후에서 작용하는 중요한 추진력으로, 소망과 욕망이 자리 잡고 있는 곳이다.

사회성이 전혀 포함되지 않는 인간의 내면으로 채워진 무의식 속에는 당연히 사회적으로 지탄받을 금기된 성향과 욕망, 상상들이 들어 있다. 이루지 못할 사람에 대한 사랑하는 마음이나 버릇, 거친 행동이나 이를 실행에 옮기는 상상 등이 포함된다. 또한 기억 속에서 지워 버린 어린 시절에 겪었던 경험, 충격, 상처 등이 무의식에 항상 존재한다.

한 번 경험한 것은 그냥 사라지는 것이 아니라 무의식에 고착화 되어 연상상황(연상기억)에 의해 재활성화 되며, 상황에 따라서는 과거의 트라우마(충격)가 현재의 삶에 크게 영향을 미치기도 한다.

3) 무의식의 형성시기

아이가 출생한 후 어머니에 의해서 양육되는 동안, 아이가 겪는 36개월간의 경험들이 의식의 세계와는 인연을 끊고 넓이와 깊이를 알 수 없는 심연의 세계와 같은 마음 속 깊은 곳의 저장창고에 저장되어 사람의 운명을 좌지우지하는 엄청난 힘을 발휘한다. 출생 후 36개월간의 경험들이 무의식에 이미지로 저장되어 평생을 살아가면서 두고 두고 사용하게 될 운명의 재산이 된다.

아이가 사용하게 될 운명의 재산인 무의식의 영역에는 의식의 세계에서 충족되지 못한 욕구와 불만 등이 억류되어 있다. 무의식에 억류된 불행한 경험과 사건, 그리고 충족되지 못한 욕구는 의식의 세계로 떠오를 수 없다. 그렇기 때문에 무의식의 영역에 억류되어 있는 불만덩어리는 의식의 세계로 올라와 미처 해결하지 못하고 불만이 된 과거의 욕구를 해결하고자 하는 강한 소망을 갖는다.

그러나 이러한 소망은 무의식의 세계에 머무르면서 느낌을 만들어 낼 뿐, 과거에 충족되지 못한 욕구를 현실적으로 충족시킬 수 있는 기회를 갖지 못하는 것이 일반적이다.

2. 병리적 훈습

가족은 가족 특유의 대화형식을 갖는다. 가족 상호간의 대화형식은 은유적일 수도 있고 암시적일 수도 있다. 건강한 가족의 대화는 직설적이며 공개적이고 민주적이다. 그러나 건강하지 못한 가족의 의사소통 형식은 비공개적이고 암시적이며 회유적이다.

　가족의 대화형식은 의식의 세계에서 결정하는 것이 아니고 무의식의 영역에 의해 결정되기 때문에, 의식이 이를 알지 못한다. 그렇기 때문에 잘 하려고 하는 대화가 왜곡되기도 하고, 왜곡하려는 의도에서 출발한 대화가 왜곡을 피해가는 경우도 있다.

　대화 형식에 의해 가지게 되는 가족의 병리적 요인을 병원의 실체라고 한다. 병원의 실체는 이미 언급한 바와 같이 왜곡된 대화, 비공개적인 대화, 은유적이고 암시적인 대화, 음모가 숨어있는 대화와 이들에 상응하는 몸짓을 가리키는 말이며, 결과적으로 정신질환을 가지게 하는 병인으로 작용하는 것을 일컫는 말이다.

　심리학은 인간의 정신병리와 성격발달 과정상의 관계를 연구하는 학문이고 상담은 심리학에서 발굴한 이론이라는 자원을 이용하여 깨진 심리를 땜질하고 고장난 부분을 수리하는 기술이다. 깨지고 고장난 인간의 심리는 출생초기에 보여준 부모의 병리적 행동에 근거한다.

　아이들의 마음에 병이 들게 하는 부모의 잘못된 행동을 병원의 실체라고 한다. 병원의 실체는 아이의 심리적 성장에 나쁜 영향을 주는 부모의 거친 행동과 멀쩡한 아이를 이상하게 보고 이상한 말로 아이의 행동을 비판하는 부모의 말속에 섞인 병리적 뉘앙스 때문에 아이가 혼돈을 일으키는 원인을 가리키는 것이다.

　병원적 실체라고 말하는 부모의 부당한 언행이 어느 정도로 아이에게 전달되고 있는가를 밝히는 것이 심리학의 이론이다.

　그런가 하면 부모의 병리적인 언행을 분석하여 병든 부모의 정신을 치유함으로써 아이의 정신문제를 직접 또는 간접으로 해결해 주는 것이 상담이다. 상담은 아이의 문제만을 해결해 주는 땜질 기술이 아니다. 상담은 아이의 병원적 실체로 작용하는 부모의 병든 정신의 내용과 원인을 탐색하는 일도 한다.

그리하여 문제의 근원이 되는 원인을 색출해 냄으로써 부모의 문제와 아이의 문제를 동시에 해결해 주는 역할도 한다고 보는 것이 옳다.

경우의 여하를 막론하고 아이에게 행동상의 문제나 정신과 관련된 문제가 발생하면 부모의 병원적 실체를 탐색하는 것이 원칙이다. 그 이유는 병원적 실체라고 하는 부모의 병리적인 언행이 아이의 정체감 형성에 지대한 영향을 미치고 나아가서는 부모 자녀간의 관계적 모순을 불러일으키는 원인이 된다고 믿기 때문이다.

부모는 자신들의 언행 속에 그들이 기르고 있는 아이를 병들게 하는 이상한 독소가 숨겨져 있다는 것을 알지 못한다. 그렇기 때문에 그들은 자신들도 알지 못하는 사이에 아이를 병들게 하는 치명적인 언행을 아무렇지도 않게 해 버린다.

아이의 행동이 극히 정상적이고 말하는 것이 하나도 이상한 것 없이 멀쩡한 데도 부모는 강한 병리적 원인이 되는 자신들의 아픈 마음을 동원하여 아이가 하는 행동과 말을 못마땅하게 생각한다. 무고한 아이를 죄 많은 자식으로 만드는 의사를 전달하는 것이다. 부모의 언행이 아이를 위축시키고 절망하게 하고 의욕을 상실하게 하는 병리적 원인으로서 역할을 한다면 이보다 더 슬픈 일이 어디에 또 있겠는가?

그러나 병리적 원인을 제공한 흘러간 과거의 늪에 묻혀 신음하는 부모가 아이들에게 보여주는 태도와 부모가 가지고 있는 아이들에 대한 편견은 조부모들이 지금의 부모에게 보여준 부당한 태도와 편견이다.

아이들이 정신병리를 일으키는 원인이 되는 병원적 실체는 심리내적 영역과 심리외적 영역을 연결시키는 다리 역할을 한다. 정신분석학에서 주장하는 전이와 같다.

전이는 출생초기 어머니와의 관계가 현재 거래하는 어떤 사람과의 관계 또는 어머니가 없을 때 일시적으로 관계하는 사람과 관련되어 일어나는 정신적인 특성을 개념화한 것이다.

다시 말해서 어렸을 때 대상(어머니=양육자)과의 관계에서 경험한 부정적인 느낌을 지금 만나고 있는 사람에게 그대로 표현하는 것을 말한다.

이때 표출되는 성격특성은 과거 지향적이며, 그래서 현실을 과거에 있었던 어머니와의 관계로 왜곡한 전이적 정신병적 현상이다. 물론 한시적인 현상이기는 하지만 말이다.

3. 전이

전이는 내담자가 자신의 삶에서 중요한 사람들에 대한 과거의 감정과 태도를 치료자에게 투사하는 과정이다. 전형적으로 전이의 근원은 초기 아동기이고 과거의 내용이 반복되는 형태를 띤다. 이로 인해 내담자가 치료자를 지각하고 반응하는 방식이 왜곡된다.

내담자의 감정이 과거의 관계에 기초하고 있지만 그 감정이 치료자에게 직접 표출된다. 치료자가 이것을 어떻게 처리하는가는 매우 중요하다. 만약 치료자가 자신의 역동을 자각하지 못하면 내담자가 자신의 과거에서 현재로 끌어온 감정을 이해하고 해결하도록 유도해야할 때 중요한 치료적 근거를 놓칠 수 있다(서경현·정성진 역, 2008: 57).

전이는 내담자가 과거의 중요한 인물에게 느꼈던 감정이나 생각을 현재의 사람, 특히 상담사에게 투사하는 것이다. 전이는 내담자가 과거의 모습으로 회귀하려는 것이기 때문에 일종의 저항으로 볼 수 있다.

내담자는 상담사를 부모처럼 여기면서 의존하려고 할 수도 있고, 반대로 상담사에게 과도하게 반항적이며 경쟁적인 태도를 취하는 식으로 전이반응을 나타낼 수도 있다(김환·이장호, 2009: 241).

치료가 시작되는 첫 단계부터 원시적 전이가 형성되고, 이러한 전이 현상은 저항이라는 방어기제를 통해 나타난다. 원시적 전이는 다수의 모순된 자아상의 이미지에 근거를 두고 상당히 혼란스럽고 다양한 원시적 방어형태로 구성된다.

이러한 형태의 전이는 치료과정을 위협하거나 방해하는 정신병적 혼란을 동반하기도 하고 심하게 불손한 행동으로 치료에 개입하지 않으려는 태도를 보이기도 한다. 그렇기 때문에 전이를 중심으로 "지금 여기" 상황에 적합한 치료를 가능한 빠르게 실시해야 한다.

이러한 전이를 관리하는 필수적인 개입은 해석과 명료화이다. 상담사는 어떠한 경우에든 중용을 고수해야하고 불손한 행동으로 치료를 방해하는 현실왜곡과 위협적인 태도를 취해서는 안 되기 때문에 항상 중용을 지키도록 노력해야한다(임종렬·김순천, 2001: 73).

전이는 환자가 과거에 중요한 사람에게 느꼈던 감정을 타인에게, 치료 장면에서는 치료자에게 느끼는 것이다(이동식, 2009: 273). 때문에 전이는 부정적이기도 하고 긍정적이기도 하다.

부정적 전이는 상담사가 자신을 무시하고 잘 대해 주지 않았다고 비난하는 내담자의 경우이다. 부정적 전이는 상담관계에 영향을 미칠 수 있으므로 반드시 다루어야한다.

반면에 긍정적 전이는 내담자가 상담사에게 우호적인 태도를 나타내는 경우로 심각한 정도가 아니라면 상담사와 내담자에게 크게 해롭지 않다(김춘경 외, 2010: 112). 또한 환자가 자신에게 중요한 사람, 흔히 부모한테서 느꼈던 감정을 치료자에게로 옮겨오는 현상으로 이는 무의식적으로 일어나는 것이다.

최초의 전이라는 개념은 1985년 히스테리에 관한 연구에서 프로이트가 '잘못된 연결'로 기술한 현상으로, 처음에는 정신분석의 가장 큰 방해물로 간주되기도 하였다.

전이는 대치, 투사, 기제가 작용하며 환자는 치료자를 마치 과거의 중요인물처럼 대한다. 전이는 모든 좋은 특성이 치료자에게로 이전되는 경우에는 긍정적일 수 있고, 치료자가 모두 나쁘게 여겨지는 경우에는 부정적일 수 있다. 긍정적 감정전이는 환자가 고통, 분노심, 상처받은 마음에 접하게 될 때 부정적이 될 수 있고, 부정적인 감정전이는 환자가 치료자와의 신뢰를 구축하고 상심과 분노를 처리하여 나감에 따라 긍정적인 감정전이가 될 수 있다(권육상, 2003: 390-391).

또한 환자가 분석가에게 보이는 감정적 반응을 프로이트는 "전이

(transference)"라고 이름 하였는데, 그 이유는 환자가 과거의 경험에 토대로 한 신경증적 행동양상을 분석가에게 옮겨놓고, 어린 시절에 권위 있는 사람에 대해 가졌던 것과 동일한 감정과 갈등을 현재의 치료자에게서 느낀다고 보았기 때문이다.

신경증적인 과거가 치료자와의 관계에서 현재의 실험적 신경증 (experimental neurosis) 형태로 신경증적인 과거가 재현되는 것을 프로이트는 전이 신경증이라고 불렀다. 전이 신경증은 실제 생활에서의 신경증이 다소 완화된 것이고, 분석 속에서 단계적으로 치유된다 (Alexander, F. & French, T. M., 1946: 17).

전이는 치료적 동맹과는 구분된다. 치료적 동맹관계는 상담사에 의해서 내담자의 건강을 검증하고 행동을 관찰하고 자아의 합리적인 구성 여부를 분석하는 것이다. 현실적인 협동적 치료 동맹 역시 영아 시절의 경험에 근거하며, 특히 영아와 어머니 사이에 진실한 신뢰의 결속에 기초하여 이루어진다.

긍정적 전이는 상담사를 대하는 내담자의 긍정적 반응 전체가 여유를 보일 때 일어나는 심리 현상이다. 이는 내담자의 반응이 진실한 전이였을 때로 국한된다. 진실한 전이는 어린 시절에 경험했던 그대로의 태도와 정동을 전치하는 것이다. 그리고 이러한 전이가 치료적 상황에서 비현실적으로 일어나는 하나의 예가 된다. 이러한 현상은 치료적 동맹을 강화시켜 내담자가 상담사를 믿고 따르게 하여 치료에 도움이 되는 계기를 마련하는데 필요한 것이다. 이 과정을 마치 긍정적 전이를 유지하기 위한 과정으로 잘못 참고할 수도 있음을 밝혀 둔다.

상담 초심자들은 위의 사안을 내담자는 상담사를 믿고 따라야 하고 언제나 긍정적인 느낌만을 표현해야 하는 것으로 잘못 이해할 수도 있다. 그리하여 몇몇은 상담사로 하여금 지나치게 예의 바르고 조심스러운 행동을 하게 할 수도 있다.

피해망상증을 가지고 있는 내담자들은 적당하게 부정적인 전이를 유지할 수 있도록 허락해 주었을 때 상담이 더 잘 되는 경우가 있다. 그 밖의 내담자들, 심인성 질환이나 우울장애를 가지고 있는 내담자들은 부정적인 전이를 즉시 해석하고 당장에 문제를 해결해주지 않으면 치료로부터 떠나보내는 경향이 있다.

전이 신경증은 집중적인 상담이 진행되는 동안에 발달되는 하나의 새로운 신경증이다. 상담사는 내담자가 아동기에 발달시킨 감정적 갈등을 극화하는 중심인물이 된다. 그리고 전이는 과거의 행동을 재생산하는 조각들이 되고 전이 신경증은 내담자의 생활을 지속적으로 악화시킨다. 내담자의 환상과 꿈은 상담사를 중심으로 해서 형성된다. 상담사와 관련된 현실적인 것들은 초기 전이 과정에서 시작될 수 있다.

나이, 성, 태도, 그리고 사회적 배경들이 내담자의 반응을 경직되게 하고 내용을 결정하는데 영향을 미친다. 남자 상담사는 남자 내담자에게 경쟁적 반응을 조장할 가능성이 많고, 여성 내담자로부터는 성애적 반응을 가지게 할 수 있다. 그리고 상담사가 젊게 보인다든지, 학생 상담사로 보일 때에는 초기 상담 과정에서 그러한 전이에 영향을 줄 수 있다.

전이는 간단하게 긍정적이고 부정적이라고 할 수 있다. 전이는 내담자의 정서적 발달과정의 여러 단계를 재창조하는 것이고 그의 생애에서 가장 중요한 사람을 향한 복잡한 태도의 반영일 수 있다. 임상적 현상과 관련된 전이의 일반적인 양상은 쉽게 인지될 수 있다.

종속관계를 위한 사랑과 존경, 만족에 대한 욕구는 전이의 형태 속에 널리 퍼져 있다. 내담자는 상담사가 내담자를 사랑할 수 있고, 사랑하고, 사랑할 것이라는 증거를 찾는다. 내담자에 의한 요구들, 특별한 시간, 경제적 배려, 차(tea) 또는 물을 요구하는 것들이 상담사의 관심을 알아보려 하는 구체적인 증거다.

경험이 적은 상담사는 합당한 요구와 비이성적인 요구를 구별하는데 많은 어려움을 겪고 그 결과로써 그러한 에피소드를 관리하는데 많은 시행착오를 경험한다. 문제는 모든 요구가 무의식적 전이에 의해서 이루어진 것이라고 간단하게 생각해 버릴 수 있다는 것이다.

또한 여기에서 의문이 되는 것은 언제 만족스럽게 해주고 언제 해석해야 하느냐 하는 것이다. 이러한 것에 대한 결정은 언제 그러한 것을 요구했느냐와 관련되고 무엇을 어떠한 형태로 요구했느냐와 관련된다. 그리고 그것이 얼마나 상황에 맞는 현실적인 것인가 하는 것이다.

초기 전이 감정은 "선생님께서는 어떻게 하루 종일 사람들이 불평하는 것을 들을 수 있습니까?"와 같은 질문을 하는 내용 속에 나타날 수 있다. 내담자는 상담사에 의해서 수용되지 않으면 어떻게 하나 하는 두려움을 가지고 있다. 그가 말한 것이 그 자신을 경멸하고 있다는 것을 반영한다. 상담사는 "아마도 당신은 내가 당신에게 어떠한 반응을 보일 것인가에 관심이 있는 모양이지요?"라고 답할 수 있다.

상담사의 사생활에 대한 질문에 전이의 여러 타입들이 포함될 수 있다. 많은 경우에 내담자를 이해하는 능력이 얼마나 되는가, 그리고 상담사의 사회적인 위치는 어떠한가와 관련된 것일 수도 있다.

예를 들면 "결혼하셨습니까?", "아이들은 있습니까?", "선생님 나이는 얼마나 되시지요?", "고향은 어디입니까?"와 같은 질문들을 할 수 있다. 경험이 많은 상담사는 대체로 그 질문이 무엇을 뜻하는 것인지를 안다. 그리고 어떤 질문에 대해서 대답을 해야 할 것인지, 또 어떤 질문은 해서는 안 되는 것인지를 직감적으로 인지한다.

상담 초심자들은 "왜 그러한 말을 묻지요?" 또는 "왜 그러한 것을 알고 싶지요?" 하는 질문을 해서 내담자가 무엇 때문에 그런 것들을 묻고 있는지에 대해서 확인을 한 다음에 대답을 할 필요가 있는 것에만 대답을 해주면 된다. 어느 쪽이든 내담자의 질문이나 대답 속에는 그의 전이 감정이 들어 있을 수 있다. 그렇기 때문에 상담사는 "아마 당신이 나이를 묻는 것은 내가 얼마나 자신을 가지고 당신을 도울 수 있는 것인지에 대한 확신이 없을 것이라고 생각하는데, 맞습니까?", "나에게 아이들이 있느냐에 대해서 물었는데 아마도 당신이 내가 부모로서의 느낌을 가지고 있는가 하는 것을 알고 싶었던 모양이지요?"라는 질문 등으로 내담자가 묻는 질문에 대한 뜻을 해석할 수 있다.

경우에 따라서는 내담자의 그러한 질문이 내담자와 상담사로서의 관계 보다는 차라리 친구가 되고 싶은 욕구에서 나온 것일 수도 있다.

상담이 후반부로 갈수록 상담사는 내담자의 이상적 자아가 될 수 있다. 이러한 긍정적인 전이는 때때로 해석을 하지 않는 경우도 있다. 내담자는 의식적으로 알지 못한 상태에서 상담사의 행동이나 말하는 양식, 옷을 입는 스타일을 모방할 수 있다. 많은 내담자가 공개적으로 상담사의 사무실에 가거나 상담사의 옷 또는 그림들을 선망할 수 있다. 이러한 내담자는 상담사가 가지고 있는 물건들을 동경하고 그런 것들을 자기도 구입하기를 원한다. 이러한 현상은 상담사와 같이 되고 싶은 전이에서 발생한 것이라고 할 수 있다.

4. 역전이

역전이는 내담자를 지각하고 반응하는 방식을 왜곡하게 만드는 치료자의 투사라고 할 수 있다. 역전이를 내담자로부터 오는 교묘하고 무의식적인 메시지로 해석할 수 있는 도구로 생각한다면 치료에 도움이 될 것이다.

역전이는 치료적 관계에서 건설적인 요소로도, 파괴적인 요소로도 작용할 수 있다.

치료자는 역전이를 통해 내담자의 중요한 역동을 밝혀 볼 수 있게 된다. 내담자가 치료자를 자신의 과거에 중요한 인물이 되도록 치료자의 반응을 적극적으로 자극할지 모른다.

내담자가 치료자의 역전이를 자극했다고 해서 그것을 내담자의 문제로 볼 수는 없다. 여기에서 관건이 되는 것은 역전이에 대한 치료자의 반응이다. 역전이를 인식한 치료자는 내담자가 오랫동안 지속된 역기능적인 모습을 변화시키도록 도울 수 있다.

파괴적인 역전이는 상담사의 개인적 욕구 또는 미해결된 개인적 갈등이 치료관계에서 뒤엉키면서 객관성을 잃게 될 때 발생한다(서경현·정성진 역, 2008: 58-59).

치료자가 환자에게 느끼는 전이를 역전이라고 한다. 역전이가 일어나면 치료자의 마음 자신의 역전이에 빠져서 환자에 대한 생각은 마음에서 사라지고 없다. 이럴 때는 치료자가 자신의 역전이를 스스로 깨달아서 벗어나든지, 아니면 자기를 지도하는 치료자나 자기를 치료해주는 치료자의 치료를 받아야 한다(이동식, 2009: 339).

또한 역전이란 치료자가 무의식적으로 환자를 과거에 자신의 어떤 중요한 인물로 부각시켜 그에게서 느꼈던 감정을 환자에게서 느끼는 것을 말하며, 프로이트는 1912년 역전이가 치료자 자신의 신경증에 그 원인이 있을 수 있기 때문에 극복해야 하는 것이라고 치료자들에게 충고하기도 하였다.

역전이 효과를 최소화하기 위해서는 모든 치료자들에 대해서 개인 분석이 필수적으로 행해져야 하는데, 이러한 방식을 통해서 치료자도 자기 자신에 대해서 깊은 통찰과 이해를 얻게 된다.

역전이에 있어 한 가지 유념해야 될 것은 전이, 역전이를 실제상의 반응, 역반응과 엄격히 구별해야 한다는 점이다. 반응과 역반응은 의식적 현상으로 실제로 분석가가 냉혹한 사람이라는데서 일어나는 환자의 반응은 전이가 아니다. 따라서 분석가가 유혹하는 여자 환자에게 끌리는 것 역시 역전이라고 볼 수 없다(권육상, 2003: 392-393).

역전이는 의식적이고 무의식적인 많은 요소를 내포하고 있는 정신분석의 다소 복잡한 특성이다. 이것은 다양하게 정의되기는 하지만 여기서는 실제적인 목적상 특별한 환자에 대한 상담사의 개인적인 반응과 감정을 뜻한다고 정의한다.

상담사가 그의 전문적인 작업과는 전혀 관계가 없는 사회적인 요소나 치료의 다른 요소들을 환자와의 관계에 포함시킨다면, 그는 그런 요소들을 떨쳐 버리기가 힘들고 그 요소들을 제거하는 것이 거의 불가능하다는 것을 깨닫게 될 것이다. 또한 환자와 그런 관계를 맺고 있는 한 분석이 끝났는지를 알기가 어렵다.

어떤 환자는 미래 언젠가 상담사와 치료관계를 맺을 필요성을 느끼지만, 상담사와의 관계가 현재 사교적인 관계이기 때문에 심리적으로 접근하기가 어려움을 느낄 것이다. 그럼에도 불구하고 환자가 다른 상담사를 원하지 않을 수 있어 그 결과들이 행복스럽지 못하고 불행하게 종결될 수도 있을 것이다.

어떤 상담사는 부모 같은 태도를 갖기 때문에 도움이 되는 경우가 있는데, 만일 이러한 경향이 지나치다면 환자의 인생을 이끌어 주어야 한다는 생각을 멈추지 못하는 아버지나 어머니 같은 입장에 있는 자신을 분석가는 발견하게 될 것이다.

상담사에게 있어서 치료를 해치는 다른 감정의 예로 자기애와 경쟁심을 들 수가 있다. 이러한 감정들은 전문적인 태도를 형성하고 상승시키는 승화와 성숙의 결합을 손상시킨다. 한 아동이 그의 부모에 대해 불평하거나 매력 있는 젊은 여자가 그의 남편에 대해 원망을 하는 경우, 상담사를 이해력 있고 친절하며, 신중하고, 좋은 부모 혹은 만족스러운 남편처럼 느끼는 것은 당연하다. 이러한 충동들이 발전되도록 허용한다면 부모나 그들의 배우자와의 관계는 틈이 벌어지게 되고 불만과 적개심이 증가된다.

필요한 것은 그 반대의 것이다. 즉, 부드럽고, 염려하는 마음이 강하지만 개인적인 유혹이 없으며 사심이 없는 이해다.

역전이 감정은 정신분석 치료에 있어서 중요한 부분이고 어려움의 하나이다. 상담사가 우선시 생각해야할 목표와 고려할 사항은 환자에게 도움이 되어야 하고, 이것을 위해서 상담사는 개인적인 이유로 말미암아 오염되지 않은 상태를 유지해야 한다(이근후 외 역, 1992: 227-229).

역전이 반응은 상담사 개인에 따라서 특이하고 부적합하게 나타난다. 이러한 때의 상담사는 내담자가 상담사의 과거에 있었던 중요한 사람으로 느껴지는 것에서 비롯된다. 보다 더 심한 상담사의 신경질적 패턴과, 상담사가 중히 여기는 과거의 인물과 실제로 많이 닮은 내담자의 경우에는 보다 더 강한 역전이 반응을 보일 수 있다. 다시 말해서 형제와 심한 경쟁적 관계에 있었던 상담사는 자기와 비슷한 나이를 가진 내담자를 만났을 때 비이성적인 반응을 보이는 것보다 훨씬 더 강한 역전이 반응을 보인다. 만일 모든 내담자들에게 이러한 반응을 보인다면 문제는 훨씬 더 심각해진다.

역전이 반응은 해결을 하지 못한 정서적 갈등을 크게 가지고 있는 상담 초심자들에 의해 보다 자주 나타난다. 상담사는 내담자가 얼마나 자기를 인정하느냐 또는 칭찬하느냐에 따라서 그의 정신적인 분위기가 좌우되고, 반대로 내담자가 적개심을 보이거나 심한 비판을 했을 때는 좌절과 분노의 느낌을 가지게 된다.

상담사의 사생활이 지나칠 정도로 필요한 감정적 만족을 박탈당하지 않는 한 내담자를 이러한 방법으로 잘못 이용하려 하지 않는다. 그러나 상담사의 사생활이 불행했을 때에는 상담사 자신이 내담자가 제공하는 선물이나 호의를 받아들이는 것으로 내담자의 사랑을 추구한다.

상담 초심자들은 여성 내담자들로부터 사랑의 편지를 받고 경우에 따라서는 청혼을 받기도 한다. 때로는 상담사가 내담자의 이러한 정서를 불러일으키기 위해서 밖에서 만나거나 시간과 상담비용을 재조정하여 더 많은 시간을 할애해 주는 등 친절하게 대하는 행동을 할 수도 있다.

뿐만 아니라 상담사가 얼마나 많은 것을 알고 있는지, 사회적 또는 전문적 위치가 어떠한지, 하는 것 등의 적당하지 않는 것들을 보이는 것도 하나의 좋은 예가 될 수 있다.

경험이 많은 상담사들은 내담자와 상담하는 동안 그 내담자가 상당히 중요한 사람으로 상담사의 마음에 부각되기 때문에 경우에 따라서는 지나친 친절을 보일 수도 있지만 치료적 관계를 방해할 수 있을 정도의 친절은 삼가야 한다.

내담자가 무엇을 말했는가에 대해서 주의를 집중하는 것이 어렵고 기억하는 것이 어렵다면 이는 곧 상담사의 역전이가 일어나고 있다는 것을 알리는 최소의 단서가 될 수 있다. 내담자와 지나치도록 동일시하는 상담사는 그 자신의 문제와 비슷한 내담자의 문제를 인지하거나 또는 이해하는데 어려움을 겪을 수 있다. 또는 내담자의 문제를 당장에 알아낼 수 있기는 하지만 그 문제를 처리하는 것이 불가능할 수도 있다.

이러한 문제를 가진 상담사는 그가 가지고 있는 문제를 은닉하기 위한 한 방법으로서 그의 시간의 관리가 지나칠 정도로 강박적일 수 있다.

힘, 싸움, 경쟁, 또는 언쟁 등으로 내담자를 괴롭히는 것 또한 또다른 형태의 역전이이다. 상담사의 역할은 내담자를 괴롭히는 것이 아니고 내담자가 세상을 어떻게 보고 있는가를 직시하고 내담자의 문제를 이해하는 것이다. 그리하여 그의 직관과 이해를 동원하여 그를 도울 수 있는 최선의 방법을 모색하는 것이다. 경우의 여하를 막론하고 내담자를 괴롭힌다거나 상담사의 개념을 내담자에게 주입시키기 위해 강요하는 것은 옳지 않을 일이다.

또한 젊은 상담사가 내담자의 자녀가 되고 싶다든가 아니면 동생이 되고 싶은 소망을 가지는 역전이 반응은 나이가 많은 내담자를 상담할 때 일어날 수 있는 감정이다.

뿐만 아니라 내담자가 상담사의 부모나 형제를 많이 닮으면 닮을수록 상담사의 역전이 현상은 두드러진다. 즉, 내담자가 여자일 경우에는 음식이나 옷 같은 선물을 받기를 좋아하고, 남자일 경우에는 사업상의 조언이나 그 밖의 이와 비슷한 다른 조언을 받기를 좋아한다.

이 밖에도 다른 불특정 역전이 현상을 보이는 경우가 있다. 때때로 상담사가 내담자를 상담할 때 또는 내담자가 상담실을 떠나고 난 후에 자기도 알지 못하는 불안, 흥분, 우울증과 같은 느낌을 경험하는 수가 있다. 상담사의 이러한 반응은 역전이 문제가 개재된 정동의 결과일 수 있고, 내담자의 상담한 방법과 결과에서 느낀 신경증적 승리감의 반응일수도 있다.

경계선이나 내담자가 말하는 것을 집중적으로 들을 수 있는 능력이 없는 상담사는 무의식적인 분노나 불안반응을 일으킨다. 이러한 반응은 여러 형태의 다른 역전이 반응에 의해서 원인된 것일 수도 있다.

어떤 내담자들은 쉽게 권태감을 느낄 수 있는데도 불구하고, 권태감 그 자체가 상담사로 하여금 역전이 반응을 나타내는 경우도 있다. 만일 상담사가 약속된 상담시간에 늦게 들어간다든지 상담 그 자체를 잃어버리는 경우가 있는데, 이러한 상담사의 행동은 일반적으로 회피나 증오의 느낌을 가졌을 때 일어나는 행동이다.

전이 속에서 일어나는 감정의 직접적인 표현은 역전이 반응을 일으키게 하는 직접적인 기회가 된다.

예를 들면, 상담사가 내담자에게 "지금의 나는 당신이 사랑하는(미워하는) 내가 아닙니다."라고 말하는 것이다. 전이는 내담자가 보고 있는 진짜 상담사가 아니라는 내담자의 느낌이 의미하는 이야기이다.

제 4장

심리역동의 요인

심리상담의 과제는 현실적으로 수용되지 않고 취급하기 어려운 문제를 관리할 수 있는 자아를 동원해서 그 문제를 해결할 수 있도록 하기 위해 무의식으로부터 오는 무질서하고 혼란된 신호들을 분석하는 것이다. 이를 위해 내담자의 감정적 힘을 다루어 건강하고 성숙한 기능과 왜곡되어 미성숙한 모습으로 표출되는 요인이 무엇인가를 찾아내는 것이 중요하다.

심리상담의 과정을 개념화할 때 심리 조직의 의식적인 수준과 무의식적인 수준에 대한 탐색은 임상적으로 유용하다.

내담자가 가지고 있는 성격의 특성은 그가 어떤 방어기제들을 주로 사용하고 있는가 하는 것으로 알 수 있기 때문에 성격개조를 목적으로 하는 정신분석치료는 곧 방어기제의 재분배, 재조정작업이라 할 수 있다. 단기상담에서도 내담자의 순기능적 성격의 변화를 이끌어내기 위해서는 그가 주로 사용하는 역기능적인 방어기제를 이해할 필요가 있다.

초심자는 상담과정에서 내담자의 역동을 일으키는 요인들을 찾아내고자 노력하게 되며, 때에 따라서는 이런 일이 도움이 안 되거나 저항 또는 위험하게 되는 경우에 대해서도 알게 된다. 그러나 경험이 많은 슈퍼바이저는 상담과정에서 나타나는 내담자의 방어기제와 특이한 성향들을 통하여 심리역동을 사정한다.

이를 통해 알게 된 자료를 바탕으로 내담자의 순기능적 변화와 치유를 위해 활용한다. 따라서 여기서는 심리역동의 여러 요인 중 마음의 틀, 이중구속, 미해결과제, 고착, 분열, 스트레스, 우울증, 분노, 전경과 배경에 대해 나누고자 한다.

1. 마음의 틀

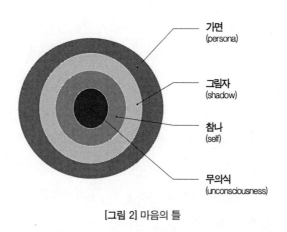

[그림 2] 마음의 틀

필자가 생각하는 마음의 내부는 몇 개의 틀로 싸여있는데 바깥부분은 가면(Persona)으로 둘러싸여 있다. 이는 타인에게 보이고 싶고, 불리고 싶은 욕구이다.

이를 벗기어 내면 그림자(Shadow)가 나타나는데 타인에게 감추고 싶은 나의 치부이다.

다시 한 번 벗어 버리면 참나(Self)가 나타난다.

인간의 마음 속에는 이와 같이 가면(Persona), 그림자(Shadow), 참나(Self)의 틀로 구성되어 있으며, 이와는 또 다른 영역인 무의식(unconsciousness)이 함께 자리 잡고 있다.

1) Persona(가면)

원래 뜻은 고대 희랍 무대에서 배역들이 썼던 가면을 지칭했으나 오늘날엔 배우가 연기 생활을 하면서 맡았던 여러 배역의 인격으로부터, 그리고 사람들에게 알려진 사생활의 요소를 가지고 개발한 자아상(自我像)을 말한다.

페르소나(Persona)는 "고대 그리스의 연극에서 배우들이 쓰던 가면"을 말한다. 우리나라에서 페르소나에 해당되는 말은 '체면, 얼굴, 낯'과 같은 것으로 '어른의 체면, 선생의 체면, 남편의 체면, 숙녀의 체면' 등 그것이 모두 규범이며 제복 같은 것이다. 체면이란 말은 '사명, 역할, 본분, 도리'라는 말로 바꾸어도 같은 설명이 성립된다(조태영, 2011).

페르소나(persona)는 정신의 외면에 해당한다. 또한 세상을 향한 얼굴이다. 의식의 영역에 존재하며, 인간이 사회생활을 영위하면서 사회적 요구에 따라 적응해 가는 바깥으로 나타나는 외적 인격이다. 즉, 사회소속 집단에 의해 요구되는 태도, 생각, 행동규범 등 역할에 적응하는 것을 말한다(최왕규, 2014). 따라서 심리학 관점에서 페르소나는 타인에게 보이고 싶고 불리어지고 싶은 나의 외형적인 모습이다.

2) Shadow(그림자)

사람들은 이 세상을 살면서 의식적으로 그들이 가르쳐 주는 것들을 선택하고 자아를 거기에 맞추려고, 그 기준에서 벗어나는 것들은 의식에서 배척되어 그림자(Shadow)를 형성하게 된다. 그림자란 우리 안에 있지만 우리가 직면하기를 꺼리는 모든 열등하고, 아직 우리 몸으로 살지 않은 요소들인 것이다. 그러나 그것들도 본래 우리 인격을 구성하는 요소들이기 때문에 언제나 우리 의식에 동화되려고 하며, 우리가 그것들을 거부하면 거부할수록 그림자는 더 짙어진다.

그림자는 자아의 어두운 측면이다. 그림자는 투사될 때 알 수 있는데 사람들은 누구나 자신의 어두운 측면을 대면하기 힘들다. 우리가 우리의 어두운 면을 보기를 두려워하는 이유는 우리도 어둡게 될지 모른다는 두려움이 있기 때문인데, 실제로는 정반대이다. 사람들은 자신의 그림자를 알지 못할 때 그림자에게 압도되기 쉬운 법이다(김혜정, 2007).

그림자는 의식과 무의식으로 구성된 인간의 마음 중 무의식의 열등하고 미숙한 인격으로써 의식의 억압에 의해 이루어진 자아의 어두운 부분을 말한다. 이러한 그림자는 자아의 다른 인격으로, 자아의식을 지배하게 되면 파괴적이 될 수 있다. 허나 그림자를 자아의식에 통합하면 창조적인 힘을 발휘할 수 있다(조정자·이종연, 2009).

그림자는 자신의 성을 나타내고, 동성인 사람과의 관계에 영향을 미치며, 인간의 진화의 역사에 뿌리를 깊이 내리고 있다. 또한 그림자는 기본적인 또는 정상적인 본능을 포함하고 있으며, 다른 면에서는 타인에게 알리고 싶지 않은 자신의 치부를 말한다.

3) Self(참나=자기)

자기(self)는 사람이 가지고 태어난 원래의 정신구조이다. 자기는 양육자와 중요한 관계를 형성하며 성숙하고 발달한다. 성숙과 발달 과정에서 자기는 구조화를 위한 원래의 잠재력(가능성) 뿐만 아니라 정신내부의 모든 대상관계를 근간으로 정체감을 포함한 포괄적인 구조가 된다. 발달된 자기 구조는 이상적 대상, 흥분시키는 대상, 거부하는 대상, 그리고 이러한 대상과 관련된 자아의 중심적, 애욕적, 항애욕적 부분들과 정신내부에서 상호작용하는 역동적 관계의 모든 정동을 포함한다.

이러한 자기를 한 마디로 표현하면 영유아가 성장하는 과정에서 양육자와 함께 경험한 크고 작은 사건들에 의해 만들어진 수많은 자아들을 통합한 개인의 총체를 지칭한다(임종렬, 2001: 46).

자기(self)는 인격의 중심개념에 위치하며, 출생 시부터 존재하는 원형이다(최왕규, 2014). 인간의 내면에는 인간의 정신의 중심(centre)이 있는데, 이 중심은 의식을 뛰어 넘으며 인간의 전일성을 나타내는 것이다. "중심은 자아보다 더 높은 차원의 정신요소이며, 더 중요한 역할을 하고 있다." 이는 사람들이 내면을 인도하는 요인으로 작용하기 때문에 융은 이 중심을 가리켜 자기(self)라고 불렀다(조태영, 2011). 따라서 자기는 정신기능의 조직자로 개념화되어 있으며 사고, 판단, 통합과 같은 기능상의 표현을 통해 관찰할 수 있게 된다. 즉, 자기는 개인의 성격을 나타내며, 경험을 통한 지각에 대해 주체성을 지니며 개인의 중심으로 형성되는 정신적 사고를 의미한다.

4) 무의식(unconsciousness)

무의식의 본질을 한마디로 줄여서 말한다면 인간이 인지, 이해, 종용할 수 없으며, 의식이 알지 못하는 심리영역이다.

무의식은 인간의 마음 속 깊은 곳에 자리를 잡고 인간의 운명을 결정해 주는 엄청난 일을 한다. 무의식의 영역은 인간이 태어나서 살아온 지금까지의 모든 것, 특히 잊어버렸다고 생각하는 과거의 모든 경험들이 버려지지 않은 채 저장되어 있는 크기와 넓이를 알 수 없는 거대한 저장창고라 할 수 있다.

무의식은 바다 속 깊은 심연의 세계와 같고 우주와 같아서 경험하였던 모든 것들을 저장한다. 즉, 인간은 한번 경험한 일들은 사라지지 않으며 무의식에 저장되어 있다가 회전판 원리와 같이 연상상황(연상기억)에 의하여 재활성화 된다.

2. 이중구속

1) 이중구속이론

이중구속이론(double bind theory)은 캘리포니아에 있는 팔로 알토(Palo Alto) 병원의 그레고리 벳슨 대화연구팀과 정신건강연구소(Mental Research Institute) 참여자들의 연구에 의해서 만들어졌다. 그레고리 벳슨의 대화연구소는 1952년부터 1962년까지 활동하였고 MRI연구소는 1959년부터 현재까지 활동을 계속 하고 있다.

1950년대 정신분열증 환자의 가족을 대상으로 연구를 한 네 가지

프로젝트에서 가족의 이중구속이 정신분열증을 유발한다고 하였다. 이 연구들은 서로 관련을 갖지 않고 따로 따로 연구되었음에도 불구하고 가족의 구조 및 관계에 대해서 공통된 견해를 피력하게 되었다.

정신분열증이라는 정신병은 가족이라는 환경에 의해서 지배를 받고 영향을 받는다는 사실이었다.

그레고리 벳슨의 지도 아래 이루어진 연구에서는 가족의 이중구속의 대화형태가 정신분열증을 유발한다고 발표하였고, 테오도르 리츠의 연구에서는 부부간의 균열과 불균형이 정신분열증을 유발한다고 발표하였다. 리만 와인의 연구에서는 부부간의 가짜 친밀성과 가족들의 현실을 지배하는 고무 울타리가 정신분열증을 유발한다고 발표하였고, 마지막으로 머레이 보웬은 분화의 정도가 가족들의 삼각관계를 유발하여 가족 구성원 중의 한사람이 희생양이 되어서 정신분열증을 유발한다고 발표하였다(김용태, 2009: 26).

[그림 3] 이중구속

2) 이중구속의 성립

이중구속은 일반적으로 몇 가지의 조건에서 성립된다. 우선 두 사람 사이에 반복해서 경험되는 것으로 처음에는 부정적인 명령을 보내고 다음에 그것에 모순되는 제2의 부정적인 명령이 처음과 다른 수준에서 보내진다. 또한 제3의 명령은 이러한 모순된 상황에서 도망칠 수 없다는 것이다.

이중구속설은 가족치료 분야에서 상당히 중시되고 있다. 이중구속은 1950년 이후 MRI를 중심으로 체계개념과 의사소통이론에 많이 활용되게 되었다. 또한 가족 내의 의사소통유형에서 해결방법으로 사용되는 치료적 이중구속은 가족치료의 강력한 개입방법으로 자리 잡고 있다(김유숙, 2005: 364-365). 즉, 이중 구속이 성립되기 위해서는 부모와 자녀, 직장상사와 부하직원, 선생님과 학생 등과 같이 상하관계이어야 하며, 동등한 관계에서는 성립이 안 된다.

3) 이중구속가설

베이슨은 정신분열증 환자가족의 연구를 통하여 이중구속가설을 설명하고 있는데, 이것은 도망갈 곳 없는 가족상황에서 모순된 메시지가 계속 반복적으로 이어지는 경우에 발생한다. 이렇게 되면 메시지를 받는 쪽은 스트레스가 생겨서 그것을 해결하는 방법으로 사고장애, 정서장애를 일으키게 된다는 것이다.

이중구속은 의사소통 중의 어떤 수준에서의 명백한 요구가 다른 수준에서 무시되거나 부인되는 것을 의미한다(Bateson, 1978).

예를 들어 아이를 원치 않고 사회 활동을 하는 어머니에게 예정에 없던 아이가 태어났다. 그로 인해 어머니는 자신의 모든 사회활동을 중단할 수밖에 없었기 때문에 자신의 자녀에 대해 양면성을 가지고 있다. 지적인 어머니는 아이에게는 사랑이 필요하다고 생각하여 아이를 향하여 "엄마는 널 사랑해."라고 말하며, 아이가 자신의 곁으로 다가오도록 요구한다. 아이는 당연히 어머니가 전적으로 자기를 사랑한다고 믿으면서 곧바로 어머니에게로 다가간다. 그러면 어머니는 "너 지금 하던 숫자놀이를 다 했니? 그걸 다 해야지."라고 말하며 전혀 다른 태도를 보인다.

이와 같은 경험이 여러 번 반복되면 또 다시 어머니가 부를 때 아이는 흔쾌히 달려가는 것을 망설이게 될 것이다. 그러면 어머니는 "엄마는 널 사랑하는데, 넌 엄마를 좋아하지 않는구나."라고 질책한다. 아이는 자기 곁에 오라는 어머니의 요구를 받아들여도, 받아들이지 않아도 어머니로부터 "넌 엄마를 귀찮게 하는 구나." 또는 "엄마 말을 듣지 않는구나." 라는 어느 쪽의 비난에서도 벗어날 수 없다.

이러한 이중구속적 상황에는 네 가지의 기본요소가 있다.

첫째, 제1의 부정명령이 있다.

둘째, 처음과는 모순되는 다른 제2의 부정명령이 있다.

셋째, 메시지를 받은 사람이 어떤 의견을 말하거나, 그 장면에서 벗어나는 것이 금지되어 있다.

넷째, 메시지를 받은 사람에게 메시지의 판별이 중요한 의미를 가지는 상황이다(Foley, 1974, 김유숙, 2005: 43-44).

이중구속(double-bind)은 부모가 자녀에 대하여 동시에 다른 수준으로 서로 모순되는 메시지를 보내는 것을 의미한다.

예를 들면 부모를 상당히 두려워하면서 자신이 어떻게 해도 부모에게 야단맞을 거라고 생각하는 환자가 있다. 무서운 아버지는 자녀를 향해 어떤 것을 하도록 말한다. 자녀가 꾸물거리면 야단을 치고, 자녀가 그 일을 수행하더라도 방법이 틀렸다고 야단을 친다. 이와 같은 일이 계속되어 자녀가 아버지와 함께 있는 것을 두려워하여 그 장소를 떠나려 해도 야단을 친다. 그렇게 되면 그는 모든 사람이 자신을 비난한다는 환청을 갖게 된다.

이처럼 이중구속이란 사람이 무엇을 해도 결코 성공할 수 없는 상황을 의미한다. 따라서 이중구속에 지속적으로 노출되면 정신적 혼란과 결정 장애를 갖게 되며 자아존중감이 낮아지게 된다.

3. 미해결과제

과거는 개인의 생활 속에서 매순간마다 무의식에서 생생하게 지속되고 있다. 현실적 시간과 시간에 대한 무의식적 의미가 합쳐져서 현재의 시간이 지각된다. 그리고 모든 현재의 시간은 분리될 수 없는 과거, 현재, 미래의 결성체이다(박영숙·이근후 공역, 1993: 15).

[그림 4] 미해결과제

　우리의 0-6세 양식은 우리의 운명이며, 어떤 사람에게는 고결한 정신적 기초가 되며, 어떤 사람에게는 여러 가지 정신 병리의 기초가 된다. 즉 정신 신체적 문제, 신경증, 정신증, 도착증, 약물중독, 그리고 개인적인 적개심으로 표현되거나 공공연한 범죄로 표현되거나 정치적인 것으로 합리화되거나 어떤 가치 있는 이유가 붙여지는 범죄로 표현되어 나타나게 된다(이근후 외 역, 1999: 40).

　어린 아이가 상처를 입게 되면 마음이 체해 버린다. 그러한 감정이 돌봄 가운데 표현되지 못하면 그대로 아이의 내면에 남게 된다. 이것을 미해결감정, 미해결과제 등으로 부른다. 우리가 부정적 감정을 수시로 경험하고 느끼는 것은 나에게 미해결된 문제들이 억압되어 있으니 해결해달라는 요청과 같은 것이다(naver.com, 미해결된 과제, 변상규, 2018).

미해결과제는 어린 시절 겪은 트라우마(trauma) 또는 마음의 상처와 관계가 있다. 아이가 감당하기 어려운 일을 경험하게 되면 그 일은 무의식에 고착되어 정신적 성장을 가로막는다. 예를 들면 개울물 한가운데에 돌이 있을 경우, 그 돌을 들어내기 전까지는 물은 돌 위를 넘어가든지 돌아가며 흘러간다.

이와 같이 어린 시절 마음의 상처는 치유되기 전까지는 마음속에 영원히 자리 잡아 정신적 어려움을 가져오게 된다. 이는 회전판 원리와 같이 한번 경험한 것은 연상상황(연상기억)에 의하여 재활성화 되기 때문이다.

인간은 삶을 영위하면서 다양한 경험을 하게 되며, 그 중 해결되지 않은 문제를 가지고 그냥 넘어가는 경우가 있는데 이러한 경험은 살아가면서 개인의 생활, 대인 패턴에 영향을 미친다. 이를 미해결과제라 하는데 과거의 자각과 연관이 깊다.

어린 시절부터 원하였지만 하지 못하고, 마음에 담아두고 걸리는 것들 즉, 증오, 분노, 고통, 불안, 슬픔, 죄의식, 갖가지 상처 등이 억압된 감정으로 남아서 미해결 과제가 되고 그러한 감정이 강해지면 개인은 선입견, 강박행동, 걱정 등으로 인하여 억압된 에너지와 자기 패배적 행동으로 표출되어 괴로움에 처하게 된다.

이러한 미해결 과제는 우리 생활의 전경에 나타나 삶을 지배하고 있으며, 언제 어디서나 생활 속의 행동에 영향을 주게 되어 편치 않은 생활을 하게 된다.

또한 미해결과제는 당사자가 현재 겪고 있는 갈등의 원인이 되며, 과거에 해결되지 못한 갈등이나 사건이 현재의 행동에 까지 영향을 주게 된다. 사람은 자신이 가지고 있는 에너지를 자신의 형태로 만드는데 사용하게 되는데, 이러한 과정을 잘해내는 사람들이 건강한 사람이다.

실제로 현재 상황에 문제를 느끼는 사람들은 과거에 미처 해결되지 못한 분노나 미움, 슬픔 같은 미해결 감정을 표면화 시키지 않도록 하는데 에너지를 묶어 두고 있다. 그러한 감정들을 표면화시켜, 직면할 때 에너지의 해방이 일어나고 더 많은 에너지들을 긍정적 생활을 하는데 사용하여 자신의 내부와 외부환경에서 일어나는 상황들을 제대로 자각할 수 있게 된다.

4. 고착

시간과 현실사이의 연결은 분리될 수 없는 것이다. 우리는 현실을 취소하는 경우에만 우리 자신을 시간으로부터 분리시킬 수 있으며, 시간에 대한 지각을 취소하는 경우에만 우리 자신을 현실로부터 분리시킬 수 있다.

범주적 시간은 시계와 달력에 의해서 측정된다. 실존적인 시간은 관찰되는 시간이기보다는, 경험되고 삶 속에서 지나간 시간이다. 모든 생활사에서 시간과 그에 대한 주관적 의미는 분리될 수 없는 요소들이며, 모든 중요한 인간 행동은 영원히 시간과 연결되어 있다(박영숙·이근후 공역, 1993: 13).

고착이란 특정발달단계에서 성적 욕구가 과대 충족되거나 역으로 과소 충족될 때 그 단계의 잔존물들이 정신적 에너지의 상당 부분을 점유하게 되어 일종의 발달 정지가 일어나는 현상을 말한다(이장호 외, 2008: 70). 이러한 고착은 정신 에너지가 특정단계에 과도하게 투입되었을 때 일어난다.

고착은 심리성적 발달과정에서 일반적으로 나타나는 현상으로 모든 사람은 어느 정도 고착되어 있다(Hogan, 1976).

고착된 에너지는 다음 단계로 이동하는데 사용될 수 없기 때문에 그만큼 발달이 지장을 받고 불완전해지게 된다. 이러한 고착은 개인이 완전한 성장에 도달할 수 있는 능력을 방해한다(김동배·권중돈, 2000: 195).

고착이란 우리가 어떤 단계를 넘어 얼마나 나아갔는가에 관계없이 이전 단계의 문제점이나 쾌락에 계속 집착하는 것을 의미한다.

예를 들어 만일 우리가 구강기에 고착되었다면 우리는 계속 음식에 집착하거나, 연필과 같은 사물들을 물어뜯거나 빠는 행위에서 편안함을 느끼거나 구강으로 하는 성적(性的)행동에서 가장 쾌감을 느끼며, 구강적 쾌감을 위해 흡연이나 음주에 몰두하게 된다(Freud, 1905; Abraham, 1924b).

정신분석학자들은 고착이란 일반적으로 문제가 되는 단계에서 과다한 만족이나 과다한 좌절을 경험했을 때 생기게 된다고 믿고 있다(Abraham, 1924b: 357, Fenichel, 1945:65, 서봉연 역, 2007: 201).

[그림 5] 고착

모든 정신질환은 자아가 소유해야 하는 가동 가능한 에너지의 절대량이 부족한 것에 원인한다. 시기별로 필요한 자아의 에너지가 얼마나 공급되었느냐에 따라 그 질과 양의 정도가 결정되며, 그 질과 양에 따라 정신병리적 증상의 경중이 결정된다.

아이가 출생한 첫 3개월 동안에 에너지의 공급이 부족했다면 아이가 태어날 때의 상태 즉, 자폐의 각질을 부수고 각질 속에 감금되어 있는 자아의 성장을 위한 유동이 허락되지 않기 때문에 자폐 상태에 머물게 되며, 1년 6개월 동안 공생기를 사는 동안에 에너지의 양이 부족해지면 정동 또는 감정의 성장에 필요한 에너지의 부족으로 정동 또는 기분장애(mood disorder)라는 중증 증상을 갖게 될 것이다.

그리고 공생기에서 격리개별화기로 넘어가는 18개월을 전후해서 급격한 에너지의 부족이나 많은 에너지를 요하는 외상적 사건(traumatic event)을 성공적으로 방어할 수 있는 에너지의 부족은 정신분열증적 고착을 갖게 할 것이다.

격리개별화기인 18개월에서 만 3년을 사는 동안에 에너지의 공급이 부족하여 현실거래에 어려움이 있었다면 이는 경계선 증후군을 갖게 하는 고착현상을 남기게 되며, 오이디프스(oedipus)갈등기인 36개월에서 60개월을 사는 동안에 현실거래에 필요한 에너지가 축적되지 못했다면 신경증적 고착을 면치 못하게 된다(임종렬, 2001: 211).

즉, 고착(fixation)이란 감당하기 어려운 충격(trauma)적 경험이 무의식에 자리잡아 오랜 세월이 지나도 사라지지 않고 남아있게 되는 것을 의미한다.

예를 들면, 어린 시절 또는 삶의 과정에서 감당하기 어려운 경험을 하게 되면, 무의식에 어두운 그림자(shadow)로 자리 잡게 된다. 이러한 그림자는 연상상황(연상기억)에 의하여 의식 위로 올라오면서 심리적, 정서적으로 힘들게 하고 삶의 질을 저하시키며 정신성장을 가로막는 요인이 된다.

5. 분열

분열(Splitting)은 영아의 성격이 발달하는 동안 일어나는 방어적인 활동인 동시에 정상적인 심리기능이다.

분열은 자아가 자기 내부에서 그리고 대상 내부에서 또는 자기와 대상 사이에서 차이를 인식하는 활동이다. 방어적인 수단인 분열은 자아가 자기의 원하지 않는 부분을 분열시키거나 또는 위협하는 대상을 더 다루기 쉬운 측면들로 분열시키는 무의식적 환상을 포함한다(임종렬, 2001: 72).

분열은 정신적 삶의 정상적인 발달에서 정신을 조직화하는데 기여한다. 심리적 경험이 거의 분화되지 않고 불안정한 긴장상태로 이루어져 있는 초기 유아기 동안에, 분열(타고난 반응 유형에 가까운)은 긴장 수준의 차이에 따라 이러한 상태들을 따로 떼어놓는다. 이 단계에서 분열은 균형을 유지하고 자극 장벽을 세우는 것을 도움으로써, 원시적인 조절 기능을 수행한다.

나중에 욕구의 좌절로 인해 긴장 상태가 발생할 때, 분열(이제는 좀 더 적극적인 과정이지만 여전히 자동적으로 작용하는)은 유아의 욕구가 어떻게 만족되는가에 따라 이런 경험들을 구별하도록 돕는다. 그 결과 표상적 경계들이 공고화되고 자기와 대상은 표상적 범주들로 정교화 된다.

마지막으로 통합을 이룬 자기와 대상들이 욕구 충족의 차원을 초월할 수 있게 될 때 분열은 방어를 위해 사용된다. 전적으로 능동적이고 선택적인 과정으로서의 분열은 이제 경험들을 구별하고, 그렇게 함으로써 그것들의 종합이 야기하는 불안을 방어한다.

초기에 정신의 조직화를 촉진시켰던 분열 활동은 발달을 거치면서 차츰 집행적(executive) 역할을 갖게 되고, 그것이 지녔던 방어적 기능들은 억압 같은 보다 진보된 과정으로 대체된다. 그때 분열은 적응적 스트레스나 정신병리의 조건 아래서만 일어난다(네이버 지식백과, 정신분석용어사전, 2002, 서울대상관계정신분석연구소).

[그림 6] 분열

항상 좋은 관계를 유지하려는 전능의 환상은 유아의 자아 속에 나쁜 대상과 좋은 대상을 분리하여 공존하지 못하게 한다. 이러한 과정을 분열현상이라고 한다.

분리된 나쁜 대상은 투사를 통해서 다른 사람에게 전가된다. 다른 사람을 공격함으로써 유아는 나쁜 대상이라고 생각한다.

유아는 엄마의 젖과 항상 좋은 관계를 맺으려고 한다. 유아는 자신의 환상에 의해서 성공적으로 엄마의 젖과 항상 좋은 관계를 맺고 있다고 생각하고 이를 즐기게 된다. 유아는 성숙하면서 엄마의 여러 부분들을 유아의 자아 속에 내면화 한다.

예를 들면 큰소리를 지르는 엄마의 음성 또는 찡그리는 엄마의 표정들은 나쁜 대상으로 유아의 마음속에 내면화된다. 나쁜 대상은 다른 사람에게 투사되고 그 사람을 나쁘다고 생각한다. 반면 엄마와는 좋은 대상으로 관계를 계속 유지한다.

유아의 방어기제는 나쁜 대상이 내면화되고 이를 투사하는 과정 전부를 말한다. 즉 유아는 나쁜 대상에 의해서 항상 피해를 입을 수 있다고 판단하므로 나쁜 대상을 밀어낸다. 이런 의미에서 유아는 편집의 상태에 빠져서 강박적으로 나쁜 대상을 다른 사람에게 투사하게 된다.

한편 유아는 투사를 통해서 나쁜 대상을 자아 밖으로 밀어 내고 좋은 대상을 내면화하는 과정을 갖는다. 좋은 대상을 더 많이 내면화할수록 유아는 불안과 두려움, 그리고 위협을 완화할 수 있다.

즉, 전능의 환상은 유아로 하여금 나쁜 대상은 자아로부터 밀어내고 좋은 대상만을 내면화하려는 과정을 갖도록 만든다(김용태, 2009: 216-217).

분열의 의미는 클라인학파의 기본적 가정들이라는 맥락에서 이해되어야 한다.

'본능은 태어나면서부터 분화된 형태로 작용한다. 정신 활동을 나타내는 환상은 태어나면서부터 분화된 형태로 작용하는 본능의 정신적 표현이다. 본능은 그 안에 대상을 포함하고 있다. 유아와 대상 사이에는 복잡한 상호 작용이 존재한다. 내적 대상이라는 용어는 유아의 환상 생활과 대상 사이에서 이루어지는 내사와 투사 과정의 결과이다.'

이러한 이론적 맥락에서 볼 때, 분열은 유아가 원초적 본능의 혼돈 속에서 자신의 경험에 질서를 부여하는 원시적인 정신 기제라고 정의된다.

초기부터 자아는 일차적 대상인 젖가슴과 관계를 맺는데, 이는 유쾌한(좋은) 것과 불쾌한(나쁜) 것으로 나뉜다(즉, 분열된다). 유아는 이런 분열에 의해 젖가슴의 유쾌한(좋거나 이상적인) 측면과 불유쾌한(나쁜) 측면을 구분할 수 있게 된다.

클라인학파 이론에서, 유아가 배고플 때 큰 소리로 우는 것은 배고픔으로 인한 고통을 박해자에 의해 신체 내부가 공격받는 것으로 경험하기 때문이며, 이때 젖가슴의 유쾌하지 않은 측면은 자신을 박해하는 대상이 된다고 가정하였다.

이렇게 좋거나 나쁜 대상들이 내재화될 때, 그 대상들은 분열된 채로 남게 된다. 이상적 대상에 대한 환상은 실제 어머니로부터 사랑과 관심을 받는 만족스런 경험과 융합되고, 그것에 의해 확인 받는다. 반면에 나쁜 대상에 의해 박해받는 환상은 실제로 사랑을 박탈당한 고통스런 경험과 융합된다.

분열은 자기와 남들에 대한 심상(표상)과, 자기와 남들에 대한 태도가 '전적으로 좋은 것(all good)'과 '전적으로 나쁜 것(all bad)' 두 개의 상반된 내용으로 분리되어 존재하는 것을 말한다. 이는 원시적 형태의 방어기제로써 유아의 격리개별화기에 주로 사용되며 경계선 장애 환자에게서 많이 나타난다.

우유(good mother)와 독약(bad mother)을 섞으면 우유마저 마실 수 없게 되기 때문에 분리 보관하는 것이다.

6. 스트레스

스트레스는 '우리가 적절하게 적응하지 못하여 생리적 긴장을 초래하고 나아가 질병을 일으킬 수도 있는 정도의 불편함 또는 물리적, 화학적, 감정적 요소로 정의 된다. 쉽게 말해서 우리는 정신적 압박감, 긴장 등이 오면 스트레스를 받는다고 말하고, 일반적으로는 심신에 불편함이나 불만족을 느끼는 모든 상황에 대해 스트레스를 받는다고 표현한다(신경희, 2017: 16-17).

[그림 7] 스트레스

스트레스라는 용어는 라틴어에서 유래된 말로, 영어권에서는 15세기경부터 압력(pressure) 또는 물리적 압력(physical strain)의 의미로 쓰이다가 17세기에는 어려움, 곤란, 역경 또는 고생으로 받아들이기 시작했으며, 20세기에는 질병이나 정신질환의 원인으로 간주되기 시작하였다(백기청, 1990).

스트레스는 삶의 한 부분으로 요구적 상황이 개인의 자원이나 대응 능력에 부담과 부정적 영향을 미치는 광범위한 종류의 경험을 말하며, 인간과 환경간의 상호작용이라 할 수 있다.

스트레스는 삶 그 자체에서 비롯되는 것이기에 스트레스를 감당하지 못하느냐의 문제가 아니라 어떤 종류의 것을 어떻게 감당하느냐가 보다 중요하며, 스트레스를 도피하는 것은 생으로부터의 도피이기 때문에 어떤 스트레스를 어떻게 잘 대처하느냐에 따라 삶을 좌우하게 된다.

스트레스가 주는 효과는 생의 활력을 주고 성장을 촉진시키는 긍정적인 효과, 즉 기능적일 수도 있고, 불쾌감이나 수치심 같은 부정적인 효과, 즉 역기능적일 수도 있다.

적당한 스트레스는 생활의 자극이 되어 활기를 주므로 오히려 우리들에게 좋은 영향을 준다고 할 수 있지만, 그것이 과도해지면 마음과 몸이 병을 불러일으키는 일이 되므로 잘 대처해 나가야 할 것이다(권육상, 2006: 325 - 326).

사람에 따라 다르지만 스트레스 반응은 생리적, 정서적, 인지적, 행동적인 다양한 증상들을 유발한다.

일반적인 생리적 증상으로는 혈압 상승, 맥박 증가, 호흡 증가 또는 호흡 곤란, 감각 이상, 근육의 긴장, 통증 지각의 증가, 위장관계 증상, 알레르기 등을 들 수 있다.

정서적으로는 분노, 불안, 공포, 우울, 짜증, 긴장 등이 나타난다.

인지적으로는 기억력, 주의력, 집중력 등에 장애가 나타난다. 그리고 식욕의 변화, 수면의 변화, 음주, 약물복용, 우유부단함, 공격적 태도, 폭력적이거나 위험한 행동, 실수, 수행 능력 저하 같은 행동상의 변화도 나타난다.

두통, 소화기 장애, 불면증, 요통, 만성피로, 불안증, 우울증, 생리불순 등은 비교적 흔히 경험하는 스트레스의 증상이다. 현대인이 가장 두려워하는 협심증, 성장장애, 불임, 악성종양 등도 스트레스와 밀접한 관계가 있다(신경희, 2015: 40).

스트레스는 생활의 변화로 말미암아 심리적·생리적 안정이 흐트러지는 유쾌하지 못한 상태로 정의할 수 있다. 따라서 스트레스를 받게 되면 일반적으로 불안해하거나 긴장하게 된다.

스트레스원은 스트레스를 일으키는 원인이 되는 사건이다. 어떤 사건이 스트레스원이 되는지의 여부는 개인이 그 사건을 어떻게 해석하느냐에 달려있다(정옥분, 2009: 502).

1) 상담사의 스트레스 영향

상담사들은 상담이 사람을 도와줌으로써 깊은 자기만족감을 느낄 수 있는 직업이라고 기대한다. 상담사가 자기탐구를 하고 내담자에게도 자기탐구를 하도록 일깨우는 데는 어려움과 위험이 존재한다는 것을 그들에게 이야기해주는 사람은 거의 없다.

유능한 상담실무자는 내담자를 이해하는 도구와 내담자와 작업하는 방법으로써 자기 삶의 경험과 개인적 반응양식을 활용한다. 다른 사람들은 심리적으로 치료하다보면 치료자 인생의 개인적인 주제들이 떠오르게 된다.

치료과정의 동반자인 상담사는 내담자의 고통에 크게 영향을 받는다. 고통스러웠던 기억이 활성화됨으로 인해 상담실무자의 인생경험은 전반적으로 뒤흔들린다. 오래된 고통이 다시 떠오르고 묵은 상처가 다시 드러난다. 고통은 고통으로 연결된다. 이런 역전이를 자각하지 못한다면 윤리적인 문제가 생기고 치료자도 고통을 겪게 된다.

이처럼 과도한 스트레스를 경험하고 있는 임상가는 효과적으로 직무수행을 하지 못한다(서경현·정성진 역, 2008: 68).

상담사로서의 교육과 훈련을 충분히 받았더라도 상담 장면에 처음 임하는 초보상담사는 여러 가지 문제에 직면한다. 초보상담사는 완벽해야한다는 생각 때문에 과도한 스트레스를 받고 에너지를 고갈시키는 경향이 있다. '나는 완벽한 상담사가 되어야 한다.', '나는 상담에 관한 모든 것을 알고 있어야 한다.', '나는 모든 내담자를 도울 수 있어야 한다.', '내담자가 호전되어야 한다.', '나는 실수를 해서는 안 되며 항상 자신감이 있어야 한다.' 등의 생각은 초보상담사를 괴롭히는 대표적인 사고다.

초보상담사는 실수를 두려워하기보다는 실수일지도 모르는 위험을 기꺼이 감수해 보고, 실수를 표현하면서 상담사로서의 성장을 지향하는 태도를 가져야 한다(노안영·송현종, 2007: 38-39).

스트레스는 인간이 삶을 영위하면서 거쳐 가야 할 당면과제이며, 혼자 또는 둘 이상의 관계에서도 스트레스를 받는다. 때에 따라 적당한 스트레스는 삶의 원동력이 되지만 정신적으로 감내하기 어려운 지나친 스트레스는 병의 원인이 된다. 이러한 병의 원인은 심인성질환, 정동장애, 신체화 증상 등으로 나타나기도 한다.

스트레스는 인정욕구와 밀접한 관련이 있다. 가정, 학교, 친구, 직장, 사회 등에서 자신에게 중요하다고 생각하는 사람에게 인정받는 것은 그 사람의 삶의 질을 높이는 요인이 되며, 이러한 경우 적당한 스트레스는 삶의 질 향상을 위한 동기부여가 된다.

7. 우울증

우울증은 '심리적 감기'라고 불릴 만큼, 많은 사람들이 고통 받고 있는 매우 흔한 심리적 장애이다. 당사자에게는 매우 고통스럽게 느껴지며 기분침체, 의욕상실, 사회적 위축 등으로 인하여 현실적 적응에 심각한 문제를 초래할 수 있다. 뿐만 아니라 미래에 대한 희망상실로 인해 자살에 이르게 할 수도 있는 매우 치명적인 장애이기도 하다(원호택 외, 2003: 225).

우울증은 청년기에 비교적 흔하게 나타나는 증상이다. 청년기의 우울증은 견딜 수 없을 정도의 울적한 기분이 그 주요 증상인데 대인관계의 위축, 권태감, 무력감, 수면 및 식사문제 등이 수반된다.

아동들도 우울증상이 보이는 경우가 있지만, 사춘기를 전후해서 우울증이 급격히 증가하여 성인기의 우울증 발생빈도보다 약간 높은 경향이 있다. 때로는 우울증에 빠진 청년의 자아가 지나치게 손상되어 반사회적 행동을 하게 된 결과, 더 깊은 우울증과 죄책감에 빠지게 되어 끝내 자살로 이어지는 경우도 있다. 청년기 우울증을 이해하려면 아동기와 청년기에 어떤 경험을 했는지를 알아야 한다고 믿는 학자들이 있다.

예를 들면, Bowlby(1989)는 유아기 때 어머니와 자식 간의 불안정한 애착, 애정이 부족한 자녀양육 행동, 그리고 아동기 때 부모를 잃는 것 등이 부정적인 인지적 도식을 초래하여 마침내 청년기의 우울증으로 연결된다고 믿는다. 또 다른 인지적 견해는 발달초기의 자기비하나 미래에 대한 확신부족 등의 인지적 도식이 우울증과 연결된다고 주장한다(Beck, 1976).

이러한 습관적인 부정적 사고가 청년기의 우울증을 초래하고, 우울증은 다시 자신에 대한 부정적인 느낌을 갖게 하는 악순환이 계속된다(정옥분, 2009: 482).

[그림 8] 우울증

우울증은 공생기를 원만하게 보내지 못한 아이가 청소년이 되었을 때, 외부로부터 심한 스트레스를 받으면 감정 장애라고 하는 우울증을 갖게 되며 나아가서는 정신분열증을 일으킬 수 있다.

우울증과 정신분열증은 청소년기에 갑자기 갖게 되는 정신질환이 아니고 공생기(4개월에서 18개월)를 외롭게 보낸 결과에 의해서 생기게 된 질환이다. 여기서 외롭게 지냈다는 말은 양육자와 정신적으로 밀착된 관계를 가지지 못하고 거리를 두고 지냈다는 것이다(임종렬, 2002: 179).

하버드 정신건강보고서(The Havard Mental Health Letter, 2002)에서는 우울한 아동과 청소년 중 적어도 50%가 최소한 한 가지의 다른 병을 함께 가지고 있다고 추정한다. 가장 일반적인 것은 불안장애, 품행장애, 섭식장애, 약물남용이다. 우울한 아동에게는 가족의 이동이나 또래관계에서의 후퇴로 촉발된 두려움과 불안이 우울의 요소가 되기도 한다.

아동과 청소년의 우울은 조급함으로 나타나기도 하고, 전형적인 증상인 과도한 수면과 동기저하도 관찰된다. 두려움이나 불안은 압도적인 스트레스에 대한 무력감을 반영하는 우울증상을 촉발한다.

이런 내담자의 경우, 자신의 목표와 꿈을 확인하도록 돕는 것이 중요한 치료 요소이다. 장애물을 확인하고 힘을 느낄 수 있도록 돕는 것도 치료과정에 포함된다(이규미 외, 2009: 181).

우울은 슬픈 기분, 죄책감, 짜증, 불안, 정서적 반응 능력 상실, 주의집중 능력 감소, 수면과 식욕, 성욕의 상실 등이 나타나는 상태이다.

우울은 어떤 한 가지 이유만으로 생기지 않는다. 생물학적, 환경적,

심리·사회적인 여러 요인이 개입되어 있다. 신경전달물질의 기능장애, 유전적 요인, 가족사, 어렸을 때의 고통스러운 경험, 최근의 나쁜 사건, 비판적으로 화를 잘 내는 배우자, 주위에 친구가 없다는 현실 등 그 이유는 아주 복잡하다(이장호 외, 2008: 238).

정서적으로 우울하고 슬픈 느낌이 지배적인 기분이며 광범위한 영역에 걸쳐 관심과 즐거움은 상실하게 되는 증상이다.

이 우울증의 특징은 비애감, 슬픔, 비관, 죄책감, 무기력, 무감각, 수면 및 섭식장애, 자기비난, 부정적 자기개념, 주의집중장애, 신체적인 고통호소, 허무주의 자살 등이다. 또한 폭력에 의한 범죄가 발생하는 수가 있는데 이러한 일은 조증 때보다 우울증 때 더 흔하다(권육상, 2003: 191).

우울장애는 생활사건에 대해 내적으로 편향된 귀인을 하는 경향이 있다. 따라서 우울한 사람은 공통적으로 부정적인 사건에 대해 스스로 과도한 책임을 지려고 한다. 이와 반대로 우울하지 않은 사람은 운이 안 좋았다거나, 그렇게 될 수밖에 없었다거나, 또는 타인의 행동과 같은 외적 요인에 의해 부정적인 사건이 일어난 것으로 보기 쉽다.

우울장애를 가진 사람들은 부정적인 사건들을 각각 별개의 것으로 보거나 제한적인 의미를 가진 것으로 보는 대신 이러한 사건들이 모든 것을 아우르는 포괄적인 의미를 가진 것으로 결론짓는다. 우울하지 않은 사람들은 부정적인 사건이 자신의 자존감과 행동 반응에 영향을 미치지 않도록 차단한다.

우울장애가 있는 경우 부정적 상황 또는 문제 상황들이 미래에도 결코 변하거나 더 나아질 것으로 보지 않는다. 우울하지 않은 사람은 부정적 조건이나 상황들이 시간이 지남에 따라 사라질 것으로 믿는 건강한 사고방식을 가진다(김정민 역, 2009: 35).

우울증은 삶의 질을 낮게 하며, 우울한 기분, 무기력, 활동저하, 식욕 및 성(性)욕구 저하, 불안, 무감동, 인지장애 등을 포함한 다양한 증상으로 구성된 질환이다. 이와 함께 한 개인의 생활만이 아니라 그의 원가족 및 주변 사람들에게 영향을 미쳐 삶의 질을 낮아지게 한다.

여러 심리학자들은 우울증의 원인이 될 수 있는 유아기 때의 심리적 손상에 대한 다양한 가설을 세웠으며(임종렬, 2002; Bowlby, 1989 등), 이 가설을 증명할 수 있는 많은 의미 있는 연구 결과들이 보고되었다.

이러한 우울증은 개인적인 의지로 벗어나기는 어려우며, 증상에서 벗어나기 위해서는 전문상담사에게 상담을 받아야 한다. 상담을 받은 후에는 정상적인 생활로 돌아가는 것이 가능하며 다른 질환에 비해 예후가 좋다.

8. 분노

> "원한을 품는 것은 다른 사람에게 던지려고 뜨거운 석탄을
> 손에 쥐고 있는 것과 마찬가지다. 화상을 입는 것은 자기
> 자신이다."
>
> — 부처 —

인간은 사회화 과정을 겪으면서 자연스럽게 분노를 조절하는 방법을 터득하게 된다. 그러나 표출하는 방식은 나이, 성별, 환경, 상황, 문화적 배경 등에 따라 강하고 거친 방식으로 또는 세련된 방식으로도 나타날 수 있다.

분노는 보편적인 인간의 감정이기는 하지만 이를 조절하지 못하고 분노를 수시로 표출하는 사람은 돌이킬 수 없는 감당하기 힘든 실수를 저지르게 될 가능성이 높다.

이처럼 조절되지 않는 분노는 자신의 건강과 가족구성원, 사회에 피해를 끼친다.

분노라는 말 외에도 성질, 역정, 화 등의 단어도 '분개하여 몹시 성을 내는 인간의 감정'을 나타내는 말이다.

분노나 격분은 종종 상대방에 대한 공격을 유발하는데, 인간관계에서 발생하는 크고 작은 시빗거리, 잔소리, 충간소음, 운전 중에 흔히 분노가 생기기 쉽고, 그렇게 폭발한 분노는 종종 크고 작은 싸움으로 발전하기도 한다. 최근에는 '충간소음 살인사건'처럼 홧김에 저지른 폭행, 방화, 살인과 같은 범죄가 늘어 사회적인 문제가 되고 있다.

[그림 9] 분노

분노는 언제나 기대와 반응이 서로 엇갈릴 때 생긴다. 받기를 원했는데 주지 않는다든지 일정한 양을 받으려고 했는데 받으려고 했던 양만큼의 반응을 받지 못했다든지 했을 때 생기는 일반적인 감정이다(임종렬, 2002: 245).

또한 분노는 자신의 욕구 실현이 저지당하거나 어떤 일을 강요당했을 때, 이에 저항하기 위해 생기는 부정적인 정서 상태이다. 목표 획득을 저해하는 장애물이 무엇인지 의식할 때 분노는 더 잘 유발되고 그 장애물에 대하여 공격적인 행동으로 표현되기 쉽다.

분노의 표출은 가볍게는 인상을 쓰거나 짜증을 내는 수준에서, 격분하는 수준의 강한 흥분 상태에 이르기까지 다양한 감정 상태로 나타날 수 있다. 발 구르기나 폭력과 같은 표현적 운동, 심폐운동의 증가와 같은 생리적 반응 등의 형태로도 나타날 수 있다(국립특수교육원, 2009).

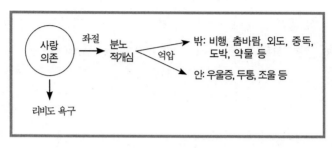

[그림 10] 분노가 일어나는 원인

분노는 자기가 하고자 하는 일이 저지당하거나 거절되었을 때 또는 어떤 일을 강요당했을 때에 나타나는 정서로 욕구불만이나 욕구좌절에서 비롯되는 경우가 대부분이며 증오와 관련이 있다.

분노의 원인은 외적인 것과 내적인 것으로 구분할 수 있는데, 외적인 요인은 환경적인 것으로 하기 싫은 것을 하라고 강제할 때, 자기의 소유물에 대해 침해할 때, 주위 어른이나 연장자에게서 항상 무언가를 강요당하고 억압당할 때, 젖이 입에 안 들어올 때 실망과 증오가 생겨 분노하게 된다.

내적인 원인으로는 피로하거나 배가 고플 때 또는 수면이 부족할 경우, 강한 자극을 받았거나 흥분상태에 있을 때, 불쾌한 일이 있고 난 직후나 무서운 일이 있고 난 후 분노의 감정이 증가된다.

분노는 부모나 성인이 아동의 발달단계에 따라 분노가 발생한 상황을 조절할 수 있는 능력을 기르는 일이 필요하다(권육상, 2006: 291-293).

중요한 사람에게 사랑받고 의존하고 인정받고자 노력했으나 이를 받아주지 않을 때 좌절을 느끼게 되고 분노와 적개심이 올라오게 된다. 이러한 감정이 외부로 표출되었을 때 비행, 춤바람, 외도, 중독, 도박, 약물 등으로 나타나게 되며, 안으로 내재화 되었을 때 우울증, 조울증, 두통, 화병 등으로 나타나게 된다(임향빈, 2014: 55-56).

9. 전경과 배경

사람은 동시에 모든 대상에게 주의를 기울일 수 없다. 따라서 순간순간의 조건에 따라 많은 대상 중 특정 대상만을 선택하여 그 선택된 대상만을 관찰할 수밖에 없다. 다행히도 우리는 특정 대상과 그 배후의 대상을 분리하는 경향성으로 이 필요성을 충족시키는 것 같다.

선택된 대상은 전경(figure)으로, 그 배후의 대상은 배경(ground)으로 구분한다. 사람의 마음도 어느 부분에서 머물러 다른 생각을 하지 못할 경우 이를 전경이라 하고 주변을 배경이라 한다.

전경-배경이란 말은 흔히 전경이 앞에 있고 배경은 뒤에 있는 것처럼 사용되나 언제나 그런 것은 아니다. 전경-배경의 경계선은 전경에 부속된 것처럼 보이고, 전경은 배경에 비해 잘 정의된 형태로 보인다. 또한 전경은 배경에 비해 더 밝게 보인다.

시야에는 수많은 대상이 널려 있는데, 우리는 동시에 그 모든 대상에 주의를 기울일 수 없도록 만들어져 있다. 때문에 순간순간의 조건에 따라 많은 대상 중 특정 대상만을 선택하여 그 선택된 대상만을 관찰할 수밖에 없다. 다행히도 우리는 특정 대상과 그 배후의 대상을 분리하는 경향성으로 이 필요성을 충족시키는 것 같다.

선택된 대상은 전경(figure)으로, 그 배후의 대상은 배경(ground)으로 구분하는 이러한 경향성을 형태주의 심리학자들은 전경-배경 분리(figure-ground segregation)라고 한다(네이버 지식백과, 심리학용어사전, 한국심리학회, 2014).

사람은 관계 속에 살아가며, 대처하는 방어기제도 사람에 따라 다양하게 나타난다. 이러한 방어기제는 일정한 틀을 형성하게 되고 틀 안에 형성된 마음은 욕구가 충족될 때까지 틀 안에서 벗어나기가 어렵게 된다. 여기서 틀 안에 머무는 마음을 전경, 틀 밖을 배경이라 한다.

전경이 관계 속에서 미치는 영향은 사람에 따라 다르게 나타나지만 전경에 사로잡히면 배경을 소홀히 하게 된다. 전경과 배경의 예는 우리 주변에서 쉽게 찾아볼 수 있다.

길을 걷다가 볼일을 보기 위해 공중 화장실을 찾을 때가 있다. 화장실에 들어갈 때는 볼일 볼 생각으로 편안한 마음으로 들어가게 된다. 화장실 내부에는 여러 개의 문이 있는데 모두가 사용 중이었다. 10초가 지나고 20초가 지나도 아무도 나오지 않는다. 30초가 지나도 사용 중인 사람들은 나올 생각을 안 한다. 배출생각으로 차있으며 1분 정도 되니 배출하고자 하는 욕구가 모든 마음을 지배하게 된다. 볼일을 본 후 배출생각으로 꽉 차있던 마음이 언제 그랬는가 할 정도로 처음 화장실 들어갈 때와 같이 편안한 마음으로 심리적 안정감을 찾게 된다.

[그림 11] 전경과 배경

또 다른 예를 들면, 갈등이 심한 부부 중 일부는 배우자에 대한 분노가 이성적 판단을 흐리게 하며, 감성에 치우쳐 거친 말과 몸싸움을 하게 된다. 이들은 자신의 행동을 합리화시키고자 배우자의 어두운 그림자까지 건들며 화와 분노가 풀릴 때까지 지속적으로 상대방을 공격한다.

이들은 갈등의 문제가 심각하여 자녀나 원가족의 아픔은 되돌아볼 여유가 없게 된다. 여기서 부부의 갈등 문제는 전경으로 올라오고, 자녀 또는 원가족은 배경으로 밀려나게 된다.

제 5장

단기 상담을 위한
활용 방안

1. 과거탐색 기법

1) 과거탐색기법의 이해

인간은 생애 초기에 가졌던 관계경험, 특히 주요 양육자와의 관계경험을 바탕으로 어떻게 자신과 다른 사람들에 대한 표상을 형성하며, 이런 내면화된 표상들이 개인의 성격형성과 이후 주변사람들과의 관계에 어떻게 영향을 미치는가를 살펴보는 것이 중요하다.

인간은 성장과정에서 희노애락(喜怒哀樂)의 다양한 경험을 하게 된다. 경험한 일들은 자연히 사라지는 것이 아니라 무의식에 고착화 되어 연상상황(연상기억)에 의하여 의식 위로 올라오게 된다. 이러한 경험은 성격형성과 삶에 영향을 미치어 긍정적 또는 부정적으로 표출하게 된다.

우리는 면담으로부터 얻은 과거 생활사 자료로부터 현재의 중심갈등과 과거의 중요한 원천 사이의 연관성을 찾아보려고 시도하며, 이는 치료과정에서 우리로 하여금 처리할 수 없는 많은 자료 속에 헤매이지 않고 현재의 중심갈등의 보다 깊은 무의식적 결정인자를 골라내도록 해준다. 나아가서 치료자는 환자의 전반적인 심리상태를 평가하고 잠정적 진단을 내린다(박영숙·이근후 공역, 1993: 27).

분석가가 무의식적 의미를 알기 위해, 그리고 연상 자료가 의식에 떠오르게 하는 힘을 알기 위해 연상 자료를 어떻게 해독하고 어떻게 해석하는가에 대한 유용한 지침을 공식화 할 수 있다면 우리는 평탄한 고지에 올라서서 보다 쉽게 길을 걷게 될 것이다.

직관만으로 무의식의 의미를 이해한다는 것은 믿을 바가 못 된다.

왜냐하면, 그것은 상당한 정도로 관찰자의 무의식에 의해 좌우되기 때문이다. 만약 그것이 정확한 것으로 판명된다 할지라도, 그것은 개인의 재능에 불과한 것이다. 그것은 분석되고 체계화되고 검증되고 교육될 수 있는 과학적인 과정이 아닌 것이다.

직관과 심리적인 능력이 필수적이기는 하지만 그것들은 아직 과학이 아니기 때문에 그것만으로는 충분하지 않다(이근후 외 역, 1992: 131).

필자는 임상경험에 의해 내담자가 어린 시절 성장과정에서 양육자로부터 어떠한 경험과 훈습과정 겪었는가에 따라 내담자의 성격이나 가치관 형성에 크게 영향을 미치고 있다는 것을 알게 되었다.

내담자가 현재 표출하고 있는 심리·정서적 또는 정신적 어려움은 과거의 경험과 연관되어 있으며, 변화와 치유를 위해서는 과거의 경험을 탐색하여 보는 것이 필요하였다. 따라서 상담 장면에서 내담자의 과거경험을 자연스럽게 이끌어내는 방법을 연구하다 과거탐색기법을 창안하게 되었다.

2) 내담자 변화를 위한 과거탐색

개인을 돕기 위한 중요한 과제는 인격의 강도와 취약점에 따라 인격형성을 이해하고, 충격이 어떻게 취약점에 영향 주는가를 이해하는 것이다(이근후 외역, 1999: 19).

상담 장면에서 상담사는 내담자의 문제에 관하여 그가 어린 시절에 경험했던 두려움의 감정, 사고, 기호로부터 가장 근본적인 것을 끌어냄으로써 이해할 수 있으며, 내담자가 그러한 감정을 다시 한 번 경험하고 통합함으로써 더 온전하고 풍요로운 자아와 삶의 기능성을 찾도록 하는 것이 치료의 초점이다(Wachtel, 1993: 32).

따라서 내담자가 표출하는 현재 모습은 과거의 경험이 현재 영향을 미치는 것으로 변화와 치유하기 위해서는 어떠한 경험을 하였는지 사정하여야 한다. 즉, 과거 탐색은 내담자의 이해와 공감, 관계형성(rapport), 변화와 치유 그리고 상담의 효과를 이끌어내기 위한 상담기법이다.

3) 과거탐색기법의 장점

과거탐색기법은 개인상담, 부부상담, 가족상담, 집단상담, 청소년상담 등에 활용할 수 있으며, 비자발적인 내담자, 저항이 심한 내담자, 비호의적인 내담자에게 효과가 크며 다음과 같은 장점이 있다.

(1) 내담자의 어린 시절 성장과정을 자연스럽게 이끌어낸다.
(2) 내담자의 무의식에 고착된 미해결과제를 살펴본다.
(3) 내담자의 성장과정에서의 트라우마(충격)를 살펴본다.
(4) 내담자의 애착관계를 살펴본다.
(5) 부부상담의 경우 배우자의 성장과정을 경청한다.
(6) 가족구성원의 경우 각각의 성장과정과 생각의 차이점을 경청한다.
(7) 부, 모, 형제, 자매 등 가족들과의 밀착, 애증 등 관계형성에 대해 사정한다.
(8) 가계도와 함께 가족의 관계망을 탐색한다.
(9) 과거의 경험이 현재에 어떠한 영향을 미치고 있는지 사정한다.

(10) 비자발적 내담자의 참여를 이끌어 낸다.

(11) 참여 내담자들이 서로 다름을 인지한다.

(12) 냉소적인 반응을 보이며 회의적인 내담자가 상담에 호의적이며, 긍정적인 태도 변화가 나타난다.

(13) 상담사와 내담자의 관계형성 및 신뢰를 형성한다.

4) 과거탐색 기법의 활용

과거탐색기법은 들어가기, 되돌아오기, 질문하기로 나누어져 있으며, 세 가지를 함께 활용하여야 한다. 이 기법을 시연하다보면 과거로 들어갈 때 만나는 사람과 현재로 되돌아올 때 만나는 사람을 다르게 경험하는 사람도 있다. 또한 평상시 생각하지 않았던 일들이 떠오르기도 한다. 이는 눈을 감으면 무의식이 활성화되고 눈을 뜨면 의식이 활성화되기 때문이다.

기법사용 시 주의사항은 들어갈 때 시기별로 천천히 들어가고, 되돌아올 때 역시 천천히 현재까지 되돌아오게 해야 한다는 점이다. 들어갔다가 되돌아오기를 생략하거나 과거의 중간쯤을 진행하는 도중에 눈을 뜨게 하면 내담자로 하여금 정신적 어려움을 겪게 할 수도 있다. 따라서 들어가기, 되돌아오기, 질문하기를 함께 활용하여야 한다.

'이제 서서히 눈을 감게 됩니다. 여러분의 앞에는 커다란 수정구슬이 있습니다. 이 수정구슬은 나를 과거로 이끌어 주는 수정구슬입니다. 수정구슬 앞으로 다가갑니다.'

(1) 들어가기

수정구슬은 나를 일주일전으로 이끌어 줍니다.(지나가는 과정 중에 다양한 사람들을 만나게 됩니다. 나는 누구와 함께 있으며 무엇을 하고 있는지, 분위기는 어떤지, 느낌이나 기분은 어떤 지 생각하시기 바랍니다.)

수정구슬은 나를 한 달 전으로 이끌어 줍니다.(지나가는 과정⋯이하 생략)

수정구슬은 나를 3개월 전으로 이끌어 줍니다.(지나가는 과정⋯이하 생략)

수정구슬은 나를 6개월 전으로 이끌어 줍니다.(지나가는 과정⋯이하 생략)

수정구슬은 나를 1년 전으로 이끌어 줍니다.(지나가는 과정⋯이하 생략)

수정구슬은 나를 3년 전으로 이끌어 줍니다.(지나가는 과정⋯이하 생략)

이어서 대학시절, 고등학교시절, 중학교시절, 초등학교시절, 어린이집시절, 기억할 수 있는 가장 어린 시절까지.

(2) 되돌아오기

이제 시간은 다시 되돌아오기 시작합니다.(올라오는 과정에서 헤어지기 싫은 사람하고는 작별의 인사를 하고 헤어지시기 바랍니다.)

어린이집 시절로 올라옵니다. (올라오는⋯이하 생략)

초등학교,(올라오는⋯이하 생략)

중학교, 고등학교, 대학교, 한 달 전, 보름 전,

일주일전,

지금 이 시간으로 되돌아옵니다.

이제 눈을 뜨기 시작합니다.

(3) 질문하기

상담사: 과거 탐색은 잘하셨는지요. 기억할 수 있는 가장 어린 시절
　　　　은 어떠한 것이 떠오르는지요.

내담자: …기억이 나는 것 같아요.

상담사: 그것은 몇 살 때 기억인지요.

내담자: 7살 때.

상담사: 일반적으로 5살~6살 때 기억을 많이 하는 것 같아요. ○○
　　　　님은 7살 때 기억을 하다니 기억력이 참 좋으시네요.

　　등등 상황에 따라 적당한 언어를 활용 한다.

2. 과제부여

1) 과제부여의 이해

심리치료에서 과제부여의 잠재적 유용성에 대한 인식이 증가되고 있다. 과제를 주는 것은 다양한 문제와 관련해서 사용할 수 있다. 강조되어야 할 점은 과제를 실시하는 것이 본질적으로 학습과정을 포함해야 한다는 것이다. 사회불안이나 수줍음, 광장 공포증, 우울증, 성적인 문제, 부부간의 문제, 개인 및 집단 심리치료 등의 경우에 과

제 부여가 성공적으로 사용되어왔다.

과제의 형태는 다양하며 치료자의 창의성이 중요하다. 치료자는 어떤 과제가 유용하고 어느 정도의 양이 적당한지를 결정해야 한다. 치료에서의 다른 요소들과 마찬가지로 내담자와 과제에 대해 함께 논의해 보는 것이 좋은 절차이다. 치료를 이끌어 가는 것은 치료자의 책임이지만 치료자와 내담자의 협력이 일반적으로 진행과정을 촉진한다.

심리치료에서 과제 부여가 보다 중요한 역할을 하는 이유 중 하나는, 이것이 치료실 밖에서 일어나는 실제 일상 행동과 연결되어 있다는 점이다. 그 결과, 과제부여를 통해 변화를 얻었을 때, 그것이 일반화되는 효과는 다른 경우보다 더 클 것이다. 또한 내담자에게 의미 있는 변화가 가능하다는 것과 심리치료가 단지 말(talk)로 하는 것 이상이라는 것을 보여줄 수 있다.

과제를 어떻게, 어느 정도 사용할 것인지는 치료자의 선호와 사례 각각의 특성에 따라 결정될 것이다. 어떤 경우에는 치료자가 공식적으로 과제를 주는 대신 제안을 할 수도 있다. 어느 경우이든 치료자는 내담자로 하여금 치료 시간 밖에서 어떤 행동을 하도록 격려하는데, 이 행동은 치료 목표와 관련되며, 목표를 향해 나아가게 할 것이다(권석만 외 공역, 2006: 76-78).

과제부여기법은 내담자의 문제해결을 위하여 치료자가 특정한 과제를 개발하여 내담자에게 이를 부과하고 이행하도록 하게 함으로써 내담자가 성공감을 맛보게 하고 새로운 일에 대한 자신감을 갖고 도전할 수 있도록 하는 기법이다(김동배·권중돈, 2000: 269).

어떤 이론적 접근법을 공부한 상담사라 할지라도 필요에 따라 내담자에게 적절한 과제를 부여할 수 있다. 과제는 다양한 형태로 부여할 수 있으며, 상담의 진행 중 필요한 시기에 부여할 수 있다.

과제의 양상을 보면 친구 만나기, 영화보기, 다이어트하기 등 다양한 것이 가능하다. 대개 상담에서 제시하는 과제 중에 내담자가 자신의 행동을 관찰하는 것이 있는데 예를 들면, 일기나 자기 관찰일지를 쓰게 하는 것이다. 이는 어떤 행동이 그 행동에 대한 관찰만으로도 변화가 가능하다는 원리 때문이다.

과제 중에는 운동이나 특별훈련기법을 연습시키는 것도 있다. 예를 들면, 불안, 긴장, 고혈압 등의 증상을 가진 사람을 돕는데 사용되는 방법 중에 이완훈련이 있는데, 이완훈련은 상담시간뿐만 아니라 그 외의 시간에도 배우고 연습할 수 있다. 상담시간 외의 연습이라 함은 과제로 실시하게 된다는 것이다.

내담자는 생활 속에서 이완훈련을 함으로써 실제로 현실상황에 대처하는 경험을 하게 된다(김환·이장호, 2009: 268-269).

치료자는 환자 개개인에 맞도록 과제를 조정하고, 이론적인 근거를 제시하며, 잠재적인 장애물을 밝히고 환자가 과제를 수행할 가능성이 높아지도록 관련된 믿음을 수정하는 것에 관심을 기울여야 한다.

과제를 정하는 것에 대한 공식은 없다. 오히려 과제는 각 환자에게 알맞도록 조정되고 상호협의 하여 정하며 치료시간의 목표와 내용에 따라 고안된다. 또한 과제는 환자와 치료자의 전반적인 치료 목표, 환자에 대한 치료자의 개념화, 환자의 현 치료 단계 등도 고려하여 정한다(최영희, 이정흠 공역, 1997: 263). 심리상담에서 과제부여의 역할은 상담실 밖에서 일어나는 일상행동과 연결되어 있기 때문이다.

유능한 상담사는 상담실 밖의 시간을 상담에 연결시켜 내담자의 변화와 치유를 위해 활용한다.

2) 과제의 기능

과제의 가장 중요한 기능은 실생활의 여러 상황에서 일어나는 문제들을 다루기 위한 능력을 쌓는 것이다. 또한 과제는 매회기 일상적인 문제를 제공해주고 회기와 회기를 연결하는 역할을 함으로써 치료의 구조화에 활용된다.

과제가 잘 수행되었을 경우 치료자는 회기 중에 내담자가 학습한 것을 강화시킨다. 이때 과제를 수행하며 든 생각이나 문제는 다음 회기에서 다룰 새로운 문제로 등장할 수 있다.

과제가 잘 수행되지 못했을 때에는 왜 과제를 하지 않았는지, 또는 왜 과제가 계획대로 되지 않았는지 그 이유를 탐색하는 것이 도움이 된다(김정민 역, 2009: 110).

성공적인 과제 수행은 치료 속도를 높이고, 성취감을 증대시키며 기분의 호전을 가져온다. 따라서 과제가 성공적으로 수행될 확률을 극대화시킬 수 있도록 치료자는 신중하게 과제를 고려해야한다.

치료자는 미리 정해져 있는 형태에 맞추어 과제를 제시하기보다는 환자의 특성과 희망을 감안해서 과제를 정해야 한다. 과제를 정하기 전에 있을 수 있는 잠재적인 어려움에 대하여 예상해 보는 것이 중요하다. 환자의 진단과 당면 문제를 고려해 보는 것이 도움이 될 수 있다.

예를 들어, 심한 우울증 환자일 경우 치료 초기에는 인지적 과제보다는 행동적 과제가 보다 유용할 수 있다. 다른 한편으로 회피적 환자에게는 행동적인 과제를 제시할 경우 위협적이고 불쾌감을 일으킬 것으로 생각하여 움츠리고 피할 것이다.

불안하고 소심한 환자의 경우 치료자가 너무 많은 과제를 제시하면 아무 것도 할 수 없을 것 같은 느낌을 가질 수도 있다. 따라서 차라리 아주 쉬운 과제를 내주는 편이 더 낫다. 과제를 해 오지 못하거나 또는 제대로 못한 경우에 환자는 자신에 대하여 비판적이 되고 희망이 없다고 느낄 수 있기 때문이다(최영희, 이정흠 공역, 1997: 269).

치료자와 내담자는 장애물을 확인하고 그것을 이겨내려고 한 다음에는 새로운 행동을 다시 시도하는 과제를 해볼 수 있다.

치료자는 과제의 난이도를 조정하거나 과제를 더 작고 점진적인 단계로 쪼개는 것을 고려해야 한다. 과제를 부여한 후에 내담자가 해낼 수 없다면, 다른 행동패턴으로 치료 초점을 바꾸고 나중에 다시 다룰 수 있다. 물론, 행동 변화만 추구하다가 치료의 전체 진행과정과 목표가 흐트러지지 않아야 한다. 무슨 일이 일어나든 치료자는 행동의 변화를 요하기 위해서는 공감적 직면을 계속 사용해야 한다.

행동의 변화를 일으키는데 있어서 내담자의 어려움에 공감적으로 계속 직면하는 것이 때로는 치료자에게 꽤 힘든 일이 될 것이다(권석만외, 2005: 221).

단기상담은 장기상담과 달리 시간제한과 효율성에 초점을 맞추어 회기를 계획하고, 보다 더 적극적으로 상담에 임하여야 하며, 매회기마다 구조화 시켜 진행하여야 한다. 따라서 내담자의 긍정적 변화와 상담목표의 달성을 위해 과제부여기법의 활용은 중요하다.

과제부여 후 상담사는 차기 상담 때 내담자에게 과제 이행 여부를 확인하여야 한다. 여기서 과제의 성공 여부만을 점검하는 것이 아니고 수행과정에 있어서 어떤 느낌과 경험을 하였는지 물어보는 것이 중요하다. 이 과정에서 내담자의 생각과 행동 양상이 드러나기 때문이다. 또한 과제부여는 내담자의 복리에 도움이 되어야 하며, 내담자 중심의 상담을 위한 과제부여가 되어야 한다.

내담자가 과제 수행에 어려움을 느끼거나 거부하면 과제부여를 중지하여야 하며, 추후 과제부여가 내담자의 변화와 치유를 위해 필요하다면 다시 한 번 권하는 것이 바람직하다.

3. 대상형성

'항상 긍정적·낙관적·미래지향적 사고를 갖자.'

1) 대상형성의 이해
대상형성(object shaping)이란 대상과 형성이 결합한 용어로써 개인의 내적 정신세계(internal psychic world)와 외적 세계(external world)의 삶에 간접적 경험이나 직접적 경험으로 영향을 준 인물을 의미한다.

대상은 주체 또는 자기와 구별되며, 주체 또는 자기에게 심리적 중요성을 가진다. 주체의 마음속에 존재하는 대상은 내적 대상이며, 이는 때때로 대상 표상이라 불린다. 모든 외부 현상은 마음속에서 표상되며, 내적 대상 표상이란 실제로 있거나 주체에 의해 상상된 대상의 다양한 속성들 신체적, 지적, 정서적 혼합물이다.

형성이란 강화를 받은 모든 행동이 모이게 되면 바람직한 행동을 이룩하게 되는 것이다. 행동의 형성이란 실험자 또는 치료자가 원하는 방향 안에서 일어나는 다양한 반응들만을 강화하므로, 원하는 방향의 행동을 습득하도록 하고 원하지 않는 방향의 행동에 대하여는 전혀 강화를 받지 못하도록 하여 결국 원하는 방향의 행동을 할 수 있도록 하는 것을 가리킨다.

포도나무의 씨를 뿌리면 포도나무의 싹이 돋아나는 것과 같이 생각이라는 씨를 뿌리면 행동이라는 싹이 돋아난다. 포도나무의 싹이 자라면 포도의 잎이 피어나고 그 피어난 포도나무 잎이 우리에게 그 나무가 포도나무라는 것을 알게 한다.

사람도 역시 같은 행동을 반복하면 습관이 되고 이러한 습관이 고착되면 그 사람 특유의 습관의 나무가 된다. 포도나무가 성장하여 꽃을 피우는 것과 같이 습관의 나무가 성장하여 그 사람의 성격이란 꽃을 피운다. 포도나무의 꽃이 지고 그 자리에 포도가 열리듯이, 습관이라고 하는 성격의 나무에 핀 꽃이 지고 열매를 맺으면 그 열매가 바로 그 사람의 운명이라는 것이다.

사람은 만남으로 인하여 성장한다. 그러나 만나는 사람에 따라 긍정적인 성장이나 부정적인 성장으로 나타난다. 원치 않는 대상과의 만남으로 인한 부정적인 경험은 무의식에 고착되어 미해결과제로 되어 역기능적 심리현상을 유발하게 한다.

따라서 올바른 대상형성을 만나면 부당한 대상에 의해서 고착된 심리현상을 바르게 형성해줌으로써 부정적인 사고를 긍정적으로 교체하게 하여 사고의 전환과 함께 심리적 성장을 도모하여 삶의 질 향상을 가져온다.

아기의 최초의 경험은 시멘트를 막 발라놓은 것처럼 예민하다. 시멘트가 마르면 자국이 나지 않지만 처음 바를 때 누르면 영원히 자국이 남는다. 무의식적가정(無意識的假定)에 의해 잘못 형성되어 고착화된 자국을 바람직한 삶의 원형과 긍정적 사고로 메워주는 인물이 멘토이며 대상형성이다.

멘토(mento)는 신뢰하고 현명한 스승, 상담 상대, 지도자, 선생의 의미이다. 대상형성은 정신적 스승으로서 책에서도 찾을 수 있고, 추구하는 분야에서 성공한 사람 중에 찾을 수 있으며, 이웃에서도 찾을 수 있다. 즉, 개인의 삶의 과정에 크게 영향을 미치는 대상형성은 내가 선택할 수 있으며, 선택한 대상형성에 의하여 성향과 운명이 달라진다.

2) 대상형성 접근 단기상담

상담의 목적은 과정에 있는 것이 아니고 그 결과에 있다. 즉, 상담은 그 과정이 어떻든 간에 예상한 결과를 도출해 내는데 있다. 상담과정 중 예상한 결과를 이끌어 내지 못한 상담 접근은 적용한 이론과 기법 상의 부족함이 있을 수 있으나, 그보다 더 중요한 것은 상담사의 인간적 자질의 결핍에 있다고 할 수 있다.

상담사의 자질부족은 상담의 선행 조건이 되는 이해와 수용, 인간에 대한 깊은 관심, 진실성, 심리적 안정감, 온화함, 존중, 객관성 결핍

등을 의미한다. 따라서 상담과정에서 이론과 그 이론을 적용하는 기법도 중요하지만 내담자를 바라보는 상담사의 인간성 또는 인간적 자질이 상담의 궁극적 목적인 변화와 치유를 이끌어 내는데 중요한 영향을 미치게 된다. 이는 곧 상담 과정에서 불가피하게 나타나는 전이와 역전이 그리고 의존성 때문이다.

대상형성 상담에서 지향하는 것은 내담자가 단 한 번의 상담을 받더라도 상담받기 이전에 비해 상담 후 긍정적 변화와 욕구충족을 갖도록하는 것이다. 이와 함께 지각이나 기억에 근거하여 의식할 수 있게 된관념 또는 심상(心像)인 표상(representation)을 형성하도록 한다.

3) 대상형성 접근 단기상담 방법

내담자의 변화와 치유를 위해 상담에 활용되는 이론 및 기법은 다음과 같다.

관계형성을 위한 지지적 기법, 사정을 위한 과거탐색기법, 가족의관계망 분석을 위한 가계도 활용 기법, 내담자의 변화를 위한 과제부여 기법과 각 사례에 따라 대상중심이론, 정신역동이론, 인지행동치료, 해결중심적 가족치료 등 다양한 기법을 활용한다. 따라서 이러한기법을 통해 다음의 상담 효과를 이끌어 내고자 한다.

첫째, 경청, 지지, 공감 또는 공명 등을 통하여 내담자와의 관계형성을 한다.

둘째, 내담자의 핵심감정과 미해결과제, 과거 경험, 어두운 그림자(shadow) 등을 조망하고 사정한다. 이를 위해 과거탐색기법을 사용한다.

셋째, 가계도를 활용하여 내담자의 가족 내 위치와 관계망을 사정한다.

넷째, 회기별 구조화를 통하여 변화와 치유를 위한 전략을 세운다.

다섯째, 내담자의 핵심감정을 조망하고 사정하고, 직면화시켜 둔감화 작업을 한다.

여섯째, 통합적 상담 접근으로 내담자의 욕구 충족 및 긍정적 변화를 가져온다.

일곱째, 자기인식을 유도하고 인간관계를 정립하며 불안처리 능력을 기르고 충동억제 능력을 배양한다. 또한 고착된 역기능적 심적 에너지를 해방한다.

여덟째, 역기능적인 개인의 내적 역동에 대한 자각과 통찰을 통하여 자아 기능을 강화시키고 현실적이고 수용적인 태도를 갖게 한다.

아홉째, 내담자가 사는 사회에서 편안한 삶의 유지와 순기능적 역할, 그리고 보다 완전하고 성숙한 삶의 실현에 이바지 한다.

제 2부
단기상담의 실제

제 1장

인정욕구를 갈망하는 부부

집안에 쌓인 먼지를 사회에 나와 털어버리기 때문에 사회가 오염된다. 가정이 안정되면, 사회가 안정되고, 국가가 안정된다.

부부갈등은 배우자에게 기대한 바를 충족시켜주지 못하고 심한 좌절을 줄 때 분노에 빠져 공격적이게 되며, 서로 간에 부정적인 언행과 함께 당사자들의 결혼만족도를 저하시키고 부부결속력은 급속히 와해된다. 또한 자녀에게도 심리·정서적으로 부정적 영향과 가족의 전반적인 기능약화로 이어진다.

따라서 부부가 어떻게 갈등에 대처하며 해결할 수 있는가에 초점을 맞추어 건설적이고 효과적인 갈등대처 방식을 습득하는 것이 중요하다.

1. 사례소개

이 책에서 인용된 사례는 믿음과 신뢰가 부족하여 협의이혼을 하기 위해 법원에 찾아온 부부를 대상으로 5회기 상담한 사례이다.

본 연구에서 채택하여 사용된 부부의 사례를 통해서 그들의 심리적·정서적 어려움과 갈등의 원인을 살펴보고 협의이혼(전) 상담에서 상담의 중요성과 임상과정에서 중재한 내용을 예증하려 했다. 특히 본 연구에서 인용된 사례에서 예증하고자 했던 내용은 상담기간, 상담의 구조화, 상담기법 등이 협의이혼을 준비 중인 부부에게 어떠한 영향을 미치고 있는가를 보여주기 위한 것이다.

본 사례는 상담사가 상담을 통해 내담자의 삶의 질 향상과 상담의 효과, 그리고 상담에 대한 만족을 이끌어냈다.

상담사는 상담 전에 어떠한 상담기법과 이론을 적용하든 간에 근본적으로 갖추어야 할 이론적 배경과 이를 적용할 줄 아는 방법론적 근거를 통해 내담자의 긍정적 변화를 이끌어 내야 한다. 이와 함께 상담사는 내담자의 핵심감정 안에 내재되어 있는 말속의 말을 찾고 질문을 잘해야 한다.

사례발표에서 가장 핵심이 되는 비밀보장을 위해서 가명을 사용했으며, 실제 거주 지역 대신 필자의 임의로 거주지를 기재하였으며, 개인적 신분이 노출되지 않도록 주의를 기하였다. 그러나 제시된 문제와 변화에 결정적인 영향을 미친 요인과 부분에 대해서 정확성을 기하려 했다.

1) 제시된 문제(내담자의 주 호소 문제)

(1) 남편: 경제적 어려움과 성격적 차이로 지속적 갈등을 겪어왔다. 심리적, 정서적 어려움으로 인하여 삶의 질이 낮아졌고 아내에 대한 믿음과 신뢰가 결혼 초에 비하여 현격히 줄어들

었다. 8개월째 별거 중이며, 이혼을 원한다.

(2) 아내: 준비 없이 시작된 결혼생활로 경제적인 어려움과 부부갈등의 표출로 인하여 심리적·정서적으로 어려웠다. 남편은 부부갈등이 있을 때마다 화를 참지 못하고 아이 앞에서도 욕을 하고 때리는 등 폭력을 사용하였다. 이러한 지속적인 갈등으로 믿음과 신뢰가 무너져 이혼을 원하고 있다.

2. 내담자의 기초정보

1) 가족관계

(1) 남편 홍길동(가명)

- 1남 1녀 중 첫째. 회사원. 27세. 고졸.
- 부모로부터 벗어나고자 하는 욕구가 컸으며 군 제대 후 24세에 결혼하였다.
- 부모는 항상 갈등관계에 있었다. 어린 시절부터 아버지가 어머니를 자주 때리는 모습을 바라보면서 성장하였다.
- 고등학교 1~2학년 때에는 공부를 등한시하고 친구들과 놀러다니며 일탈을 하였으나 고등학교 3학년 때부터 필요성을 느껴 공부를 하기 시작하였다.

(2) 아내 금사랑(가명)

- 2녀 중 첫째. 회사원. 27세. 고졸.
- 어린 시절부터 부모의 갈등과 싸움을 보면서 성장하였으며, 부모가 싸우면 동생하고 함께 울고 있었다.
- 초등학교 때에는 전학을 많이 다녔으며, 깊이 사귄 친구들이 없고 중학교와 고등학교 때에도 친한 친구들이 없었다.
- 24세에 결혼하였다.

(3) 아들 홍누리(가명)

- 3세.
- 어린이 집에 다니고 있다.

2) 가계도

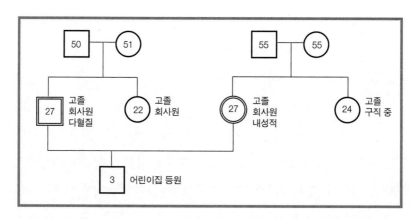

3) 성장과정과 표출된 갈등 원인

부부는 유년시절 불행한 삶을 살아왔으며, 부모로부터 받아야 할 사랑을 충분히 받지 못하며 성장하였고, 청소년기 과정에서도 부모의 갈등으로 인하여 가정에서도 안정을 찾지 못하였다.

부부는 중3때 알게 되었으며, 24세에 결혼하게 되었다. 관심사나 취미 등이 비슷하여 결혼 초기에는 행복하였다.

그러나 동갑이고 친구관계로 편하게 지내다보니까 서로에 대한 배려심이 부족하였으며, 경제적 어려움 등이 겹쳐 부부갈등이 시작되었고 삶의 질이 낮아졌다.

3. 상담 목표와 접근방법

1) 법원 맞춤형상담의 목표

1순위, 자녀의 복리에 초점을 맞춘다.

부부의 갈등으로 가장 힘들어하는 사람은 자녀이다. 부모의 이혼은 아이가 감내해야하는 트라우마(trauma)이며, 평생 짊어지고 가야 할 어두운 그림자(shadow)이다. 또한 부모의 갈등과 한부모 가정에서 자란 아이의 경우 소수이지만 일반가정의 자녀에 비해 상대적으로 자존감이 낮아지고, 피해의식이 있으며, 또래 관계에 영향을 미친다. 따라서 아이의 복리와 바른 양육을 위해 상담의 초점을 맞춘다.

2순위, 부부의 현재 시간 이후의 삶의 질 향상을 위해 상담한다.

부부의 심리상태는 배우자에 대한 분노, 원망, 배신감, 자책, 무력감, 괴로움, 낮은 자존감 등 심리적·정서적으로 복합적인 어려움을 겪고 있다. 당사자의 이야기를 충분히 공감적으로 경청하여 감정해소를 하고, 현실을 직시하여 전경에서 배경으로 사고의 폭을 확장시켜준다. 이를 통해 자신의 상황과 판단을 객관화 하는데 조력한다.

3순위, 이혼의사가 불확실하거나 관계회복의 가능성을 보이는 부부는 재결합을 위한 심층상담을 한다.

기초 면담 시 상담사는 부부의 핵심감정이 무엇인지 말속의 말을 찾아야 한다. 이를 통해 표면적으로는 이혼의사를 표시하지만 내면으로는 이혼의사가 불확실하거나 관계회복의 가능성을 보이는 부부는 재결합을 위한 상담을 한다.

부부는 성장과정이 다르기에 가치관이나 성향이 다를 수밖에 없으며, 항상성 원리에 의해 같은 문제가 반복적으로 나타나게 된다. 갈등이 생겼을 때 지혜롭게 대처하는 방법과 관계형성을 위한 방안을 모색하고 갈등의 원인을 해결하기 위해 조력한다.

아이의 최상의 복리는 건강한 가정이다.

2) 상담사의 상담목표

아이의 복리, 부부의 정서적·심리적 안정, 손상된 자아존중감 향상, 그리고 부부의 삶의 질 향상에 초점을 맞춘다.

3) 내담자와 합의한 상담목표

맞춤형상담은 1회기 1시간, 전체 4회기 진행할 것이며, 1일 2회기 2일간 상담하기로 하였다. 상담이 진행되면서 기초면담 때와 맞춤형상담 때의 상담목표가 아래와 같이 바뀌어 갔다.

- **(1) 기초면담:** 서로의 행복을 위해 이혼을 원한다.
- **(2) 맞춤형상담:** 남편은 부부관계회복, 아내는 아이의 올바른 양육과 멋있는 부모 되기

4) 상담 접근방법

지지와 경청, 공감 등을 통하여 라포(rapport)형성을 한 뒤 부부가 처한 상황을 직시하여, 갈등의 원인을 살펴본다. 그리고 과거탐색기법을 활용하여 과거의 경험이 현재 삶에 어떠한 영향을 미치고 있는지를 알아본다. 또한 배우자에 대한 성장과정의 이해와 대화를 통한 부정적 감정을 해소하고자 한다.

부부의 마음에 자리잡고 있는 어두운 그림자(shadow)를 다루어 갈등의 폭을 줄이고 손상된 자아존중감을 향상시키며, 아이의 복리와 부부의 삶의 질, 향상 그리고 긍정적인 변화를 위하여 노력하였다.

이를 위하여 통합적 방법으로 대상중심이론, 인지행동치료, 해결중심 가족치료 등 다양한 상담기법을 활용한다.

협의이혼 기초면담의 목표

• 협의이혼 기초면담의 목표는 자녀양육 관련 협의이다.

• 협의이혼 당사자들은 이미 이혼을 하기로 합의한 상태이므로, '이혼 여부의 결정' 이나 '관계회복'을 위한 상담은 큰 의미가 없다.

• 50분이라는 시간적 제약이 있으므로 부부문제보다는 자녀 양육 관련 협의에 집중하는 것이 필요하다. 다만 부부문제로 인하여 면접교섭 등 자녀양육에 대한 협의자체가 곤란한 경우 부부사이의 문제를 먼저 해결(서로에 대한 이해를 할 수 있는 기회 등)하는 것이 필요하다.

• 이혼의사가 불확실하거나 관계회복의 가능성을 보이는 부부는 예외로 한다. 이 경우에도 별거 중인 경우에는 이혼절차가 진행되는 동안의 양육협의를 우선하고 부부상담은 '맞춤형 상담' 또는 '의사소통 훈련'으로 연계하는 것이 효과적이다(○○법원 협의이혼 상담위원 간담회 자료 2017).

4. 상담과정

1) 상담진행과정
(1) 상담기간 2016.11.9~2017.1.7
(2) 상담 구분
①기초면담 1회기
②맞춤형상담 4회기

2) 상담 회기별 요약

제1회 기초면담

배우자를 선택할 때 자신의 부족한 것을 상대에게서 보완하고자 선택을 하게 된다. 이는 상대 배우자 역시 자신의 부족한 부분을 충족시키고자 한다.

초기에는 서로 간에 욕구충족이 이루어졌으나 일정기간 지나면서 자원이 고갈되어 욕구충족이 어려워지며 갈등이 시작된다. 미성숙한 자아를 소유한 사람이 배우자를 선택할 때는 미성숙한 사람을 배우자로 선택하는 경향이 있다.

이들은 부부로서 살아갈 때 그들의 부모로부터 양도받지 못한 자아를 상대 배우자에게 강하게 요구하며, 잉여자아가 없는 상태에서의 갈등이 심각하다.

본 사례의 부부는 성격차이로 인하여 6개월째 별거 중이며, 사소한 갈등으로 시작해 갈등이 점차 커지고 되돌릴 수가 없게 되어 협의이혼을 신청하게 되었다. 남편과 아내는 별거 중 자신의 삶을 반추하였으며, 객관적으로 되돌아보는 계기가 되었다.

기초면담 중 아내는 눈물을 흘렸다.

상담사는 맞춤형상담을 권하였으며 부부는 맞춤형상담을 하기로 하였다.

- 전 략 -

상담사: 두 분의 호칭을 남편, 아내로 해도 되나요.

남편: 예….

아내: 예….

상담사: 어렵게 여기까지 왔을 텐데요. 아니면 쉽게 왔나요?

남편: 아니요. 어렵게 왔습니다.

아내: 어렵게 왔어요.

상담사: 남편과 아내는 여기까지 올 수밖에 없었던 이유에 대해서 간략히 말해 줄 수 있나요.

남편: (아내를 바라보다가 말문을 연다.) 예…. 결혼한 지 3년 되었고요. 현재는 6개월째 별거 중이에요. 이렇게 된 이유는… 돌이켜보면 준비 없이 시작된 결혼으로 경제적 어려움이 있었고, 성격차이로 인해 지속적 갈등을 빚었어요. 아이가 보는 앞에서 심하게 다투었고요. 별 것도 아닌 사소한 일

로 인해서 말다툼이 시작되고, 항상 커져요.

상담사: 아이가 보는데서 싸운다고 하였는데 어떻게 싸우는 거죠?

아내: 남편은 다혈질이라 이야기하다보면 화를 참지 못해요. 화가 나면 감정을 있는 그대로 나타내요. 심한 욕도 하고 때리기도 하고요.(눈물을 흘린다.) 처음에는 같이 욕도 하고 때리기도 하였어요. 그런데 이러한 일들이 오랜 기간 계속되다보니, 이제는 남편의 화를 받아 줄 만큼 마음의 여유가 없어졌으며 모든 것이 지치고 남편 목소리만 들어도 짜증이 나요. 아이한테 못 보여 줄 것을 보여주고 교육에도 안 좋을 것 같아요. 그래서 이혼을 하는 것이 아이를 위해서나 서로를 위해서 좋겠다고 생각했어요.

상담사: 아, 예. 뭐 하나 물어볼게요.

남편: 예.

아내: 예.

상담사: 두 분은 아이를 사랑하나요?

아내: 예. 사랑해요.

남편: 예. 당연히 사랑하지요.

상담사: 그럼 다시 물어볼게요. 누구 관점에서 사랑하지요?

남편: …누구 관점이라 하면….

상담사: 아이의 관점에서 사랑하나요, 내 관점에서 사랑하나요.

아내: 내 관점요.

남편: 둘 다요.

상담사: 부모의 갈등으로 인해 가장 상처받는 사람은 아이 일 거예

요. 갈등의 골이 너무 깊어 두 분은 전경에 치우치게 되고 배경을 소홀히 할 수밖에 없을 거예요.

아내: 예⋯.(눈물을 흘리기 시작한다.)

- 중 략 -

상담사: 어린 시절 겪은 트라우마는 회전판 원리에 의하여 재활성화 되기에 아이의 건강한 인성발달을 위해서 아이 앞에서는 부모가 갈등하는 모습을 보이지 말아야 해요. 그리고 아이와 함께 있을 때 배우자의 부정적 모습은 이야기하지 말고 긍정적인 면을 이야기 하도록 해요. 이는 아이에게 영향을 미치기 때문이에요. 부모의 부정적 이미지가 형성된 아이는 자아존중감이 낮아지고, 피해의식이 있으며, 또래 생활에도 영향을 미치게 되요. 그리고 부부갈등의 원인 중 하나는 평소에 정서통장 관리를 소홀하였기 때문이에요. 정서는 사랑, 온정, 배려, 나눔 등의 총합인데, 평소에 정서 통장의 잔고가 많으면 갈등으로 인하여 차감이 되어도 감정대립이 크게 번지지 않지만, 잔고가 고갈되면 사소한 문제로도 갈등의 폭이 점차 커져 감당하기 힘든 상태에 이르게 되요.

- 하 략 -

부부갈등은 심리학적인 측면에서 중요하게 다루어지고 있는데, 그 이유는 가족구성원들의 정신건강과 밀접한 관련이 있기 때문이다. 특히 가족 간의 상호관계 속에서 일차적인 인성을 형성하는 아동기 및 청소년기 자녀들은 부모의 불화에 매우 민감하여 혼돈을 겪게 되고 심한 정서변화를 느끼게 되어 적응문제를 유발하게 된다(박정희, 2010).

따라서 부부가 갈등이 생겼을 때 합리적으로 갈등의 요인을 해결할 수 있는가에 초점을 맞추어 성숙하고 지혜롭게 대처하는 것이 중요하다.

제2회 맞춤형상담

편안한 분위기에서 경청과 지지, 격려를 통하여 관계형성을 하였으며, 부부가 가지고 있는 심리적, 정서적 어려움을 사정할 수 있었다. 부부는 7개월째 별거 중이며, 객관적 시각으로 자신의 삶을 바라보게 되었다.

부부는 기초면담 때와 달리 상담 목표가 바뀌었다. 기초면담 때에는 서로의 삶의 질 향상과 자녀의 올바른 양육이었으나 맞춤형상담부터는 남편은 부부관계회복, 아내는 육아관심과 멋진 부모 되기로 바뀌었다.

상담사는 내담자의 상담목표에 따라 상담전략을 수정하였다.

- 전 략 -

상담사: 법원에서 기초면담 할 때 이야기 했을 거예요. 맞춤형 상담을 하러 올 때 상담 목표에 대해서 생각해 오라고 했는데요. 이 상담을 통해서 남편과 아내가 바라고 있는 부분이나 상담 목표에 대해서….

남편: 예. 부부관계를 회복하고 싶어요.

상담사: 아내는….

아내: 아이의 바른 양육과 멋진 부모가 되었으면 좋겠어요.

상담사: 그러면 상담 목표를 부부관계회복과 아이의 바른 양육, 그리고 멋진 부모 되기로 정하면 되겠네요.

남편: 예.

아내: 아이의 바른 양육과 멋진 부모 되기요.

상담사: 그래요. 그럼 자연스럽게 상담 목표를 아내와 남편이 원하는 대로 맞추도록 하겠습니다.

남편: 예.

아내: 예.

상담사: 두 분은 갈등 원인에 대해 생각해보았나요.

아내: 예….(눈물을 흘린다) 남편하고는 중3때부터 알게 되었어요. 깊이 사귀지는 않았고 친구처럼 지냈어요. 그러다가 남편이 군을 제대하고 24세에 결혼했어요. 남편의 관심사나 취미 등이 저와 비슷해서 결혼 초기에는 행복했어요. 그러나 동갑이고 친구처럼 편하게 지내다보니까 인간 대 인간으로

존중하는 것이 부족했어요. 잘은 모르겠는데… 어느 순간부터 갈등이 시작되었어요. 남편과의 관계가 힘들었을 때 아기가 생기게 되었고… 경제적 어려움까지 겹쳐지니까 갈등의 폭이 점차 깊어지게 되고, 더 관계가 나빠지기 전에 떨어져 있는 것이 좋겠다는 생각에 별거하게 되었고 어느새 7개월 되었어요.(눈물을 흘린다.)

남편: …지난 시간을 돌이켜보면 결혼 초에 직장을 그만둔적이 있었어요. 3개월 정도 쉴 때 수입이 없으니까 대출이자 갚기도 힘들었어요. 수입은 없고, 대출 이자는 늘어나고, 경제적 어려움에 처하다 보니 사소한 일들마다 부딪치게 되고 말다툼이 커지고 험한 소리도 하고 그렇게 되었어요.

- 중 략 -

상담사: 남편과 아내는 서로에게 사랑의 표현은 해보았나요.

남편: 예…. 사랑한다는 말을 적당하게….

아내: 사랑한다는 말을 안했어요. 삶이 힘들어서…. 먹고 사는 문제에 치중하다보니 남편과의 관계나 이해하는 부분에 신경을 쓰지 못하였어요.

상담사: 아내는 남편에게 어떤 말을 듣고 싶으신가요.

아내: 멋진 여자라고 해주었으면 좋겠어요.(아내는 눈물을 흘리기 시작하였다.)

상담사: 남편은 아내에게 어떤 말을 듣고 싶어요.

남편:　아내가 신뢰하고 있다는 것을 표현해주었으면 좋겠어요.

- 하 략 -

부부는 상호간에 필요성과 그것을 유지하기 위해 믿음과 신뢰, 사랑 등을 필요로 한다. 이러한 것으로 인해 부부의 사랑이 돈독해지고 사소한 갈등에 흔들리지 않는 응집력이 생기는 것이다.

그러나 미성숙한 부부는 일방적인 기대와 상황에 맞지 않는 무리한 요구로 인해 불만과 좌절을 경험하고, 불신 속에 상호 질시하는 관계를 만들어낸다. 따라서 부부의 갈등을 지혜롭게 대처하지 못하면 예상치 않은 어려움에 처하게 된다.

상담사는 내담자들이 울거나 분노 또는 화를 표현할 때 내담자의 목소리의 특성에서 분명한 정서적 균열을 인식한다.

내담자가 자신의 감정과 접촉하고 있다는 또 다른 증거는, 강렬한 감정의 표현 또는 생생하고 독특한 언어를 사용한다는 것이다. 이때 상담사가 공감적으로 긍정하고 내담자의 경험을 받아들이고 인정하면서 비난이나 부끄러움에 대한 두려움 없이 자유롭고 개방적으로 자신의 느낌을 경험할 수 있는 안전한 장소를 제공하는 것이 중요하다.

상담사는 내담자에게 그들의 느낌을 매우 깊게 탐색하거나 그들의 강렬한 감정에 도전하는 것은 안 된다. 상담사는 열린 자세로 내담자의 고통과 취약함의 표현을 받아들인다(Elliott et al, 2005:119).

이 부부는 기초면담 때와는 달리 맞춤형상담에 호의적인 반응을 보이고 있다. 별거하는 동안 앞날에 대해 많은 생각을 하였으며 배우자에 대한 양가감정이 자리 잡고 있었다.

부부는 현실을 직시하면서 지혜롭게 대처하지 못하고 서로의 자존감을 내세우고 있었다. 따라서 자녀의 복리를 위해 부부간의 의사소통 및 관계개선을 하는 방법을 조력하고자 한다.

다음 회기에는 부부의 성장과정을 탐색하기 위해 필자가 창안한 과거탐색기법을 사용하고자 한다.

제 3회 맞춤형상담

내담자의 과거 생활사 자료로부터 현재의 중심적 갈등과 과거의 중요한 원천과의 연관성을 찾아보기로 하였다. 이는 상담과정에서 현재의 중심적 갈등의 깊은 무의식적 결정인자를 찾아내고 내담자의 전반적 심리상태를 평가하며 잠정적 진단과 변화를 이끌어 내기 위함이다. 그리고 과거의 경험이 현재의 삶에 영향을 미치는 요인들을 조망하고 사정한다.

남편과 아내는 자신이 알고 있는 방식으로 배우자를 사랑하고 있었다. 그러나 부부는 속마음을 표현하지 않았기에 서로의 생각을 알 수가 없었으며, 때문에 갈등의 폭은 점차 커졌다.

필자는 과거탐색기법을 활용하여 부부의 성장과정을 사정하고, 과거의 경험이 현재 삶에 미치는 영향과 미해결과제를 살펴보았다.

- 전 략 -

상담사: 짧은 시간에 과거 탐색은 잘하셨는지요.

남편: 예….

아내: 예….

상담사: 두 분 중에 어느 분이 먼저 이야기 하시겠어요?(서로 얼굴을 바라본다.)

남편: 네가 먼저 해.

아내: 내가…? …엄마와 아빠는 항상 싸웠어요. 아빠가 엄마를 때리면서 다 죽여 버린다고 했어요. 엄마가 빨리 나가라고 해서 동생하고 교회로 가서 잠을 잔 기억이 나요. 무서워서요. 동생하고 집으로 돌아왔어요.

상담사: 그때가 몇 살 때인가요?

아내: 7살 정도일 거예요.

상담사: 예. 상담을 하다보면 과거탐색을 하게 되는데 사람들이 5살에서 6살 정도의 기억을 많이 하는 것 같아요. 아내는 7살 때 기억을 이야기했는데 그 이전에 떠오르는 것이 있나요?

아내: 그 이전에는 여름인가…? 엄마하고 아빠, 동생하고 같이 물놀이 갔던 기억이 나요. 텐트 안에서 놀고, 수박도 먹고요. 그리고 다른 기억은 엄마랑 아빠가 항상 싸웠어요.

상담사: 그러면 초등학교 때 기억은 어떤가요.

아내: 초등학교 4학년 때 전학을 많이 다녔어요. 아빠가 유산 상

속을 받아서 좋은 집으로 이사했어요. 3번 이사 다녔는데 친구들을 깊게 사귈 수가 없었어요. 몇 개월 머물면 이사 가고 그러니까요.

상담사: 중학교 때는?

아내: 친구한테 배신도 당하고, 친구하고 싸운 적도 있어요. 왕따도 당하고요.

상담사: 고등학교 때는?

아내: 고등학교 때에도 친한 친구 없이 그냥 그렇게 지낸 것 같아요. 고3때 목표도 없이 친구와 둘이 학원 다니고…

상담사: 그리고 다른 기억은?

아내: 어렸을 때 아빠는 다정다감하고 교회에, 예배를 책임감을 갖고 다닌 것 같아요. 동생 때문에 스트레스를 많이 받았고, 동생하고 싸웠다고 엉덩이를 아빠한테 맞아서 서러웠어요. 엄마가 없을 때 아빠한테 맞았어요. 그래도 원하는 것은 다 사주셨어요. 컴퓨터, 핸드폰, 용돈도 넉넉하게 주고요. 엄마, 아빠, 가족하고 여행도 자주 다녔고요. 그리고 아빠, 엄마 부부싸움 자주 봤어요. 바닷가, 강가, 자연적인 곳이 떠오르고요. 자주 보았어요. 아빠가 술 먹고 엄마하고 싸우고… 싸우면 동생하고 울었어요. 무서웠고요.

- 중 략 -

상담사: 남편은 어렸을 때 어떤 기억이 떠오르나요.

남편: 동생이 태어났어요. 내가 5살 때요. 엄마는 환자처럼 병원에 누워 있었고 밖에서 몇 시간 기다리다 졸았던, 집에 언제 가냐고 했던 기억이 나네요.

상담사: 더 어렸을 때 떠오르는 것이 있나요?

남편: 3살 때인 것 같아요. 일산의 외삼촌 집에 갔는데, 아파트에 철봉이 있었는데 아버지가 철봉을 잡게 하고 손을 놓았는데 떨어져도 잡아주겠지 하는 기억이 나요. 아버지는 자상했어요. 성장하면서 무뚝뚝했고요. 여동생한테는 뽀뽀도 하고 그러는데 술 먹고 오시면 스킨십을 하는데 어색하고 싫었고… 아버지와 둘이 있으면 어색했어요. 어머니와는 좋았고 편했어요. 어머니가 힘들어 할 때 나는 몰랐어요. 어머니가 힘들어도 티 안내고 어머니는 버텼어요. 어머니가 불쌍해요. 결혼 전에는 몰랐는데 결혼하고 나니까 어머니가 불쌍하게 느껴져요. 전역 후 어머니를 도와드려야 하는데 결혼을 바로 하니까 집에 도움도 못 드리고 그게 항상 죄책감이 들어요.

상담사: 집안에 경제적으로 도움을 드려야 하는데, 어머니에게 도움을 못 드리고 바로 전역 후 결혼을 하니 미안한 마음과 죄책감이 들겠네요.

남편: 예, 어머니만 생각하면….

상담사: 초등학교 때에는 어떤 기억이 떠오르나요.

남편: 초등학교 때에는 단짝 친구가 있었는데 그 친구 집이 가게를 했어요. 그 집 가서 놀고 그 친구 집에서 자고 그랬는데

4학년 때 그 친구가 이사 가서 그 후로 친구도 안 사귀고 싸움도 하고 그랬어요.

상담사: 중학교 때는 어땠나요?

남편: 중학교 때에는 친할머니가 아파서 집에서 함께 살았어요. 할머니가 암 걸리셨어요. 1학년에서 2학년 때 아버지가 어머니를 때리는 모습을 자주 보았어요.

상담사: 고등학교 때는?

남편: 고등학교 때에는 친구들하고 놀았어요. 학교도 안 가고, 1~2학년 때에는 공부도 안하고 책도 안 보았는데 고3때 공부를 시작하게 되었어요. 공부를 안 하면 하고 싶은 것을 할 수가 없겠다는 생각이 들어서요.

- 중 략 -

상담사: 남편은 현재 가장 힘이 든 것이 무엇인가요.

남편: 지금 가장 힘든 것은… 아이를 2달째 못보고 있는데 보고 나면 헤어지는 것이 가장 힘들어요. 자꾸 생각이 나고요.

상담사: 아내는 현재 어떤 점이 마음을 무겁게 하나요.

아내: 아이가 요즈음 아빠를 많이 보고 싶어 하고 있고… 인성형성에 어려움이 있지 않을까 걱정 되요.(눈물을 흘린다.)

- 중 략 -

배우자의 입장에서 이해할 수 있도록 각자 성장과정을 살펴보았으며, 과거탐색 후 남편과 아내는 성장과정이 서로 비슷해 보이는 부분이 많았다고 하였다.

상담사: 다음 상담 올 때까지 과제를 내줄게요.

첫째, 부부가 함께 시간을 보내도록 노력할 것.

둘째, 부부간 대화할 때 '때문에'라는 말보다도 '덕분에'라는 말을 많이 쓰도록 할 것

셋째, 남편은 아내에게 '당신은 이 세상에서 가장 멋진 여자야, 사랑해요.', 아내는 남편에게 '당신이 하는 모든 일들은 최선의 선택이고 다 잘 될 거예요. 당신을 믿어요.'라고 인정, 칭찬, 지지, 격려, 신뢰와 믿음을 주는 문자나 전화를 하루에 1번 이상 하도록 하세요.

남편: 예….

아내: 예. 알겠습니다.

상담사: 다음 상담 때에는 부부의 관계형성과 아이의 올바른 양육방법에 대하여 함께 나누기로 해요.

- 하 략 -

부부는 관계개선을 위하여 노력하는 모습이 보였으며, 재결합을 하고자 하는 모습이 나타났다. 따라서 상담을 통하여 건강한 가정으로 회복하도록 조력하였다.

상담 후 과제를 내주었다.

첫째, 남편에게는 '아내는 멋진 여자야.', 아내에게는 '남편을 신뢰하고 있다.'라고 하루에 한 번 이상 통화나 문자로 표현하기.

둘째, 나는 누구인가?

셋째, 왜 사느냐고 묻는다면?

넷째, 행복해지려면?

제 4회 맞춤형상담

부부는 상담 약속을 2번 변경하였으며, 3주 만에 상담을 하게 되었다. 내담자가 상담 일자를 2번이나 변경하는 것은 심리적 저항으로, 결과 이후의 마음의 준비 부족, 신중한 결정 등 방어기제가 활성화되면서 지혜로운 결정을 내리는 데 필요한 시간인 것 같다. 상담사는 편안한 분위기 속에서 지지와 격려, 공감 등을 통하여 내담자의 이야기를 경청하였으며, 그 결정을 존중하였다.

- 전 략 -

상담사: 지난 상담 때 남편에게는 '멋진 여자야', 아내에게는 '남편을 신뢰하고 있다.'라는 내용으로 하루에 한 번 이상 통화나 문자로 표현하라고 과제를 내주었는데 잘하였는지요.

남편: 하루에 한번은 아니지만 몇 번 전화로 했습니다.

상담사: 아내는 남편으로부터 '멋진 여자'라는 표현을 들었을 때 기

분이 어떻든가요.

아내:　이 사람이 갑자기 왜 그러지라고 생각했어요.(웃으면서)

상담사:　아내는 남편에게 문자나 통화로 신뢰하고 있다는 표현을 하였는지요.

아내:　…한 번도 표현을 하지 않았어요.

상담사:　통화나 문자를 안 하게 된 이유를 물어봐도 될까요.

아내:　…막상 하려고 하니 쑥스러워서 할 수가 없었어요.

상담사:　아내는 마음으로는 남편에게 신뢰하고 있다고 표현을 하고 싶었지만 익숙하지 않아서 안했다는 이야기로 들리는데 맞나요.

아내:　(고개를 끄덕이었다.)

상담사는 상담 중에 내담자가 사용하는 언어, 비언어를 관찰해야 하며, 그 언어가 나타내는 의미를 잘 파악하고 말 속의 말을 찾아야 한다.

- 하 략 -

상담사는 가치관의 형성과정과 성격의 변화에 대해 사례를 들어 이야기해주면서 변화하고자 하는 동기나 계기가 있으면 더 빨리 원하는 대로 변화한다고 하였다.

부부는 8개월 정도 별거를 하면서 전경에서 벗어나 배경을 살펴보기 시작하였으며, 현실을 직시하고 객관적 사고 및 자신의 삶을 반추하였고 이혼에 대해 많은 생각을 한 것 같다. 이 부부의 재결합을 위하여 가정의 소중함과 아이의 바른 양육에 대하여 초점을 맞추어 상담을 하였다.

제 5회 맞춤형상담

상담사는 부부에게 이번 회기가 마지막 상담회기라고 이야기하였으며, 재결합 의사는 있는지 물어보았다. 부부는 아이를 위해서나 자신들의 삶을 위해서 재결합하고 싶다고 하였다. 상담사는 부부가 재결합을 하려면 부부로 인하여 마음고생을 한 원가족에 대해서도 노력해야 한다고 하였다.

- 전 략 -

상담사: 남편은 지난 상담 이후 아이를 몇 번이나 만나 보았어요.

남편: 지난 크리스마스 때 한 번 만났어요.

상담사: 한 번 만났어요? 그럼 어디서, 몇 시간 만났는지요.

아내: (아내가 끼어들며) 오산(엄마 집)에서 아이를 만나게 했어요. 남편에게 남편 집으로 아이를 2박 3일 데리고 가서 아이와 함께 보내게 했어요. 남편이 일 끝내고 금요일 오후 9시에 데리고 가서 일요일 저녁에 데리고 왔어요.

상담사: 남편은 아이와 헤어질 때 기분이나 느낌은 어땠나요.

남편: 섭섭하고 헤어지기 싫었어요.

상담사: 아내는 아이를 남편에게 보내고 나서 기분이나 느낌은 어땠어요.

아내: 아이 아빠가 아이를 데리고 간 후 지쳤던 마음을 재충전한 시간이 되었어요. 모처럼 나만의 시간도 갖게 되고요.

- 중 략 -

상담사: 앞으로 두 분은 어떻게 하실 것인가요. 남편은 재결합 의사가 있으신가요.

남편: 예. 재결합하고 싶어요.

상담사: 아내는 어떠한지요.

아내: 예. 저도 재결합하려고요.

상담사: 부부가 재결합하여 행복한 부부가 되기 위해서는 서로 노력해야 할 부분이 있어요. 가족은 일정한 체계를 유지하여야 하며 부부간의 순기능적인 체계를 위해서 서로 노력하여야 해요. 원만한 부부가 되기 위해서는 부부간의 성(性)생활도 중요하며, 성(性)을 무기로 쓰면 안 됩니다.

- 중 략 -

상담사: 두 사람으로 인하여 마음고생을 한 원가족의 심정을 헤아릴 필요가 있어요. 두 사람은 서로 처갓집이나 시댁에 관계형성을 위하여 서로 노력하여야 합니다. 두 사람으로 인

하여 마음의 고통이 심하였으니까요. 그리고 부부가 행복한 삶을 살아갈 때 아이도 바른 인성을 갖추고 바람직하게 성장할 거예요. 부모의 건강하고 바람직한 모습은 아이에게 자아존중감과 올바른 성격형성에 도움이 되요. 부모의 좋은 이미지를 형성하도록 아이 앞에서는 서로 갈등하는 모습은 보이지 마시고 배우자에 대한 긍정적 이야기를 하고, 부정적 이야기는 하지 마세요. 또한 아이는 칭찬을 먹고 자라는 꿈나무예요. 칭찬을 자주해주시고 건강한 만짐(스킨십)을 해주세요. 부모의 행동은 아이에게 훈습되고 무의식에 고착화되어 후에 성격이나 성향, 가치관으로 자리잡아 표출하게 되요. 아이에게 부모의 좋은 이미지가 형성되도록 노력하시면 아이도 원하는 대로 바르게 양육될 거예요.

- 하 략 -

부부는 맞춤형상담으로 인하여 서로를 이해하고 되돌아보는 계기가 된 것 같다. 심리적·정서적으로 단절되지 않고 서로에게 의지하는 모습이 표출되었다. 또한 서로를 이해하고자 노력하고 있으며 이는 순기능적 가정을 만들어 가는데 큰 자원이라고 생각한다.

상담사는 부부에게 삶의 질 향상과 아이의 올바른 양육을 위하여 조력하였다. 상담 후 부부는 사고의 전환과 변화가 나타났으며, 협의이혼 의사 변경하여 재결합하기로 하였다.

5. 상담에 대한 평가

1) 상담의 효과

부부는 상담초기 서로에 대한 불신으로 함께 앉아 있는 것조차 힘들어 보였으나 상담 후 믿음과 신뢰를 회복하기 시작하여 상담 종결 때에는 재결합의사를 나타내었다.

2) 부부 입장의 상담효과

상담 전에는 갈등의 골이 깊어 이혼 외에는 다른 방법이 없다고 생각하였으나 상담 후에는 현실을 직시하고 전경에서 벗어나 배경을 바라볼 수 있는 마음의 여유가 생겼다. 또한 갈등의 원인과 대처하는 방법, 감정표현과 의사소통, 서로에 대한 믿음과 신뢰가 생기기 시작하고 자아존중감도 높아졌다. 그 결과, 부부는 협의이혼을 취소하고 재결합하기로 하였다.

3) 상담자의 자기 평가

부부는 지속적 갈등상태이며, 협의이혼 숙려기간 중 배우자에 대한 분노와 화, 낮은 자존감, 우울증 등 심리적·정서적 어려움을 표출하는, 가족 내 역기능이 가져온 이혼위기상태의 가족이었다.

부부의 삶을 조망하고 경청과 지지, 격려, 공감 등을 통하여 자아존중감을 북돋고, 미해결과제를 다루었으며, 이를 통해 부부가 서로에 대한 믿음과 신뢰를 회복하여 재결합하는 변화가 나타났다. 긍정적 변화를 이끌어 내게 되어 상담사로서 보람을 느낀다.

4) 함께 생각해 볼 과제

상담은 일반 대화와는 다르게 어떤 뚜렷한 목표를 지니며, 상담의 목표는 내담자가 호소하는 심리적 불편이나 증상이 경감되는 것과 이 과정에서 내담자가 인간적으로 좀 더 유연하고 합리적이며 성숙한 사람이 되는 것이다.

상담사는 이와 같은 목표를 충분히 달성하기 위해 필요한 전문적인 지식과 경험을 미리 갖추어야 한다. 인생의 경험만 풍부하다고 상담사가 될 수 있는 것은 아니다. 내담자의 심리적 불편이나 증상을 경감시키기 위해서는 내담자가 왜 그런 문제를 경험하는지, 그리고 그런 문제를 효율적으로 해결하는 방법과 절차는 어떤 것이 있는지 충분한 이론적 지식을 갖추고 있어야 한다. 또한 이론적 지식을 실제로 적용해 본 풍부한 경험이 있어야 한다.

상담사에게는 단순한 기법을 사용하는 그 이상으로 지켜야 할 윤리적인 책무가 있다. 그것은 내담자의 이익에 최선을 다하는 상담사로서의 역할이다.

상담의 궁극적인 목적은 역기능적인 개인 내적역동에 대한 통찰을 통하여 자아기능을 강화하여 현실적이고 수용적인 태도 갖게 한다. 자유롭게 일하고 사랑할 수 있는 능력을 성취하고 보다 완전하고 성숙한 삶의 실현을 이루게 한다.

상담사는 해답을 다 알면서도 일부러 조금씩 지원하는 것이 아니다. 상담사례는 동일하지 않으며, 인간의 복잡한 문제를 한 번에 꿰뚫어 볼 수 있는 상담사는 많지 않다.

상담을 상담사와 내담자가 함께 떠나는 여행이라고 볼 때, 상담사

역시 내담자처럼 이 여행의 끝이 어딘지 알지 못한다. 그러나 상담사가 문제를 다 이해하고 해답을 찾아냈으면서도 이를 내담자에게 알려 주지 않는다면 그것은 상담사의 윤리에 어긋나는 것이다.

길을 걷다가 돌부리를 만나면 부정적인 사람은 걸림돌로 생각하는 반면, 긍정적인 사람은 디딤돌로 생각한다. 또한 미성숙한 사람은 '때문에'라는 말을 많이 쓰고, 성숙한 사람은 '덕분에'라는 말을 많이 사용한다.

배우자를 선택하는 것은 그 사람의 장점만 취하는 것이 아니라 그의 단점까지 함께 취하는 것이다. 사랑한다는 것은 그의 밝은 부분, 어두운 부분 등 그와 관계된 모든 것을 선택하고 받아들이는 것이다. 그러나 조건을 따지며 배우자를 선택할 경우 밝은 면만 취하고 어두운 면은 배제하기에, 조건 충족이 어려우면 돌아서게 된다.

정서적인 성장은 인생의 모든 단계와의 동일시를 포함하게 된다. 이는 분리되어 있는 연령 집단의 경계에 가교를 놓은 것이다. 삶에 대한 경험의 축적 즉, 서로의 부모를 잃으면서 느끼는 애도, 점점 늘어나는 과거들, 지속적으로 줄어들어가는 미래에 대한 경험의 공유는 삶을 공유하는 배우자와의 관계를 달리 느끼게 한다.

이렇게 연결된 삶은 사랑의 저장고가 되고 일상에 존재하는 단절성 앞에 연속성을 부여하는 강력한 힘이 된다.

사례부부는 맞춤형상담을 받지 않았다면 이혼을 하게 되었을 것이고, 이로 인한 어두운 그림자를 평생 안고 살아가야 했을 것이다.

아이의 입장에서는 본인의 의사와 관계없이 한쪽 부모와 살게 될 것이며, 부모의 이혼으로 인한 감내하기 어려운 트라우마(trauma)를 겪게 될 가능성이 컸다.

제 2장

무의식에 자리 잡고 있는
표상의 세계

표상(representation)이란 개인이 그의 대상을 정신적으로 소유하고 있는 방식을 지칭하는 말이다. 이 내적 정신세계(internal psychic world)는 실제 사회적 환경 속에서의 관찰 가능한 대상들의 영역인 외적 세계(external world)에 대한 개인의 주관적인 정신적 표상이다. 따라서 '대상관계'란 대인관계가 이렇게 내면화된 것이라고 볼 수 있기 때문에 실재하는 대인관계(object-relatedness)와는 다를 수 도 있다.

자기표상(self-representation)은 대상과의 관계를 통해 경험하는 자기에 대한 표상이다. 유아의 경우 처음에는 자기로부터 타인을 격리하지 못하고 타인을 다만 자신의 일부로서만 지각한다. 그러다 점차 대상을 자기로부터 격리하게 되면서 자기와 자기 아닌 것, 즉 대상표상과 자기표상을 구별하게 된다. 이 자기표상은 한 개인이 어떻게 타인에게 관계하고 세계에 대응하는가를 결정한다.

1. 사례소개

이 책에서 인용된 사례는 상담센터를 여러 곳 돌아다니며 상담을 받은 경험이 있는 내담자로 인터넷 검색 후 대한가족상담연구소를 찾아오게 되었다. 50대 초반의 중년 남성이며, 10회 상담을 한 사례 이다.

사례발표에서 가장 핵심이 되는 비밀보장을 위해서 가명을 사용했으며, 실제 거주 지역 대신 필자의 임의로 거주지를 기재하였고, 개인적 신분이 노출되지 않도록 주의를 기하였다.

그러나 제시된 문제와 변화에 결정적인 영향을 미친 요인과 부분에 대해서 정확성을 기하려 했다.

1) 제시된 문제(내담자의 주 호소 문제)

내담자는 분노조절과 경제적 안정, 그리고 퇴직 이후의 삶이 안정되었으면 좋겠다고 생각하며, 아침에는 술을 안 먹어야지 생각하는데 저녁에는 술을 먹고 있는 삶을 개선시키고 싶어 한다.

2. 내담자의 기초정보

1) 가족관계
(1) 내담자 나고통(가명)

2남 1녀 중 막내. 회사원. 52세. 대학원졸업 석사.

부모는 사이가 좋지 않았으며, 아버지는 20년 전 위암으로 사망하였다. 어머니와 불안정애착형성으로 인해 정서적인 유대를 갖지 못하였다. 성장기에는 어머니에게 인정받지 못하고 남들과 비교 당하며 어린 시절을 보냈다.

어머니의 부정적 사고와 표현으로 힘들어 하고 있으며, 어머니로부터 심리적 독립을 하고 싶으나 여전히 벗어나지 못하는 자신이 한심스럽다.

(2) 아내 김빛나(가명)

2녀 중 첫째. 학원 강사. 48세. 대졸.

평범한 가정에서 성장하였으며 성격은 유순하고 시어머니로부터 부당한 이야기를 들으면 남편에게 여과 없이 전달함으로써 관계를 악화시킨다.

(3) 딸 나기쁨(가명)

15세. 중학교 2학년.

성격이 밝고 공부도 상위권이며, 부모님의 관심과 사랑을 받고자 노력한다.

(4) 아들 나행복(가명)

12세. 초등학교 5학년.

성격은 활발하며, 또래관계가 좋고 리더십이 있어 학급에서 반장을 하고 있다.

2) 가계도

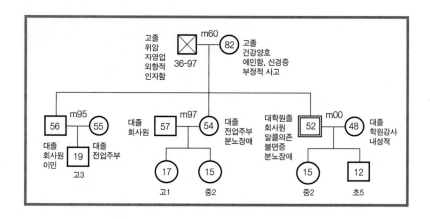

3) 성장과정과 표출된 원인

내담자는 부유한 집안에서 어린 시절을 보냈으며, 초등학교 2학년 때 지방에서 서울로 전학하였다. 당시 아버지의 사업실패로 집안에 어려움이 있었으며, 전세로 살았다.

청주에서 초등학교를 다닐 때에는 시험을 보면 100점을 받았고 반장도 하였는데, 서울로 올라와서는 반장도 안 시켜주고 100점도 못 받았다. 그리고 이러한 원인이 집안의 경제력에 있다고 생각하였다. 때문에 초등학교 3~6학년 시기는 어둡게 보냈다.

어릴 시절에 콤플렉스가 세 가지 있는데 집이 가난한 것과 눈이 안 좋은 것, 말을 더듬는 것이었다. 그리고 어머니의 부정적 사고로 인하여 성격형성에 많은 영향을 받았다.

현재 직장에 20년째 근무하고 있으며 직장은 안정적이라 근무하는 데 어려움은 없다. 그러나 50대에 접어들면서 퇴직 이후에 대한 생각을 하게 되어 저녁에 술을 마시게 되었다.

그리고 어머니와 관련된 일이나 생각을 하면 화와 분노가 올라오며, 감정을 다스리기가 어렵게 된다. 이로 인해 삶의 질이 떨어지고 있으며, 이러한 감정은 형과 누나도 같다.

현재 형은 미국으로 이민 갔다.

3. 상담 목표와 접근방법

1) 내담자의 상담 목표

첫째, 분노조절 및 심리적·정서적 안정.

둘째, 삶의 질 향상과 술을 줄이는 것.

셋째, 주식 트레이너가 되어 부자가 되고 싶다.

2) 상담사의 상담목표

내담자의 정신적·심리적 안정과 낮은 자아존중감 향상, 술을 줄이는 것, 그리고 내담자의 삶의 질 향상에 초점을 맞춘다.

역기능적인 내담자의 내적역동에 대한 자각과 통찰을 통하여 자아기능을 강화시키며, 현실적이고 수용적인 태도를 배양하고 성숙한 삶의 변화가 일어나도록 조력한다.

3) 내담자와 합의한 상담목표

1회기 60분, 전체 10회기 진행할 것이며 주 1회 상담하기로 하였다.

상담이 진행되면서 초기상담 때에는 분노조절과 심리적·정서적 안정이 목표였으나, 중기상담 때에는 술을 줄이는 것과 분노조절로 상담목표가 바뀌어 졌다.

4) 상담 접근방법

우리는 상담으로부터 얻은 내담자의 과거 생활사 자료로부터 현재의 중심 갈등과 과거의 중요한 원천과의 연관성을 찾아보려고 시도한다. 이는 상담과정에서 우리로 하여금 처리할 수 없는 많은 자료 속에서 헤매지 않고 현재의 중심 갈등을 일으키는 무의식 속 결정인자를 골라내도록 해준다. 나아가서 내담자의 전반적 심리상태를 평가하고 잠정적 진단을 내린다(박영숙·이근후 역, 1993:27).

이와 함께 상담사는 내담자의 무의식에 고착된 미해결과제를 다루어 자각과 통찰을 통하여 자아기능을 강화시키고 성숙한 삶을 실현한다.

지지와 경청, 공감 등을 통하여 라포(rapport) 형성을 한 뒤 내담자가 처한 상황을 직시하여 표출된 문제의 원인을 살펴본다. 단기상담의 특성상 회기별 구조화를 시키고, 과거탐색기법을 활용하여 과거의 경험이 현재 삶에 어떠한 영향을 미치고 있는지를 알아본다. 또한 내담자에 대한 성장과정의 이해와 대화를 통한 부정적 감정을 해소하고자 한다.

내담자의 무의식에 고착화된 미해결과제를 다루고 고통을 둔감화

시키어 갈등의 폭을 줄이도록 한다. 이와 더불어 손상된 자아존중감을 향상시키며, 전경에 치우쳤던 마음을 배경까지 바라볼 수 있도록 마음의 창을 확장시키도록 한다. 이를 위하여 통합적 방법으로 대상중심이론, 정신역동이론, 대상관계이론, 인지행동치료 등 다양한 상담기법을 활용한다.

4. 상담과정

1) 상담진행과정
상담기간 2017.3.4~2017.6.8

2) 상담 회기별 요약

제 1회 상담

편안한 분위기를 조성한 뒤 경청하였으며 상담목표를 정하고 가계도를 작성하였다.

내담자는 분노조절과 경제적 안정, 그리고 퇴직 이후의 삶이 안정되었으면 좋겠다는 생각과, 아침에는 술을 안 먹어야지 생각하는데 저녁에는 술을 먹고 있는 삶을 개선시키고 싶어 한다.

상담사: 안녕하세요.

내담자: 안녕하세요.

상담사: 오시는데 불편하지 않으셨어요? 많은 사람들이 상담실 문턱을 넘어오기 까지가 어려워들 해요. 좀 어떠셨어요.

내담자: 음…. 저는 7~8년 전과 얼마 전에 상담을 받아본 적이 있습니다.

상담사: 7-8년 전과 얼마 전….

내담자: 예. 그때 도움이 돼서.

상담사: 어떤 문제로?

내담자: 상담을 받는 목적은 뭔가 현재 상황에서 마음에 들지 않는 부분이 있어서인데, 그때나 지금이나 크게 변한 것 같지가 않아요. 그때는 도움을 받았다고 생각은 합니다만… 단적인 도움은 받았지만 궁극적으로 도움이 안 됐고, 지금 이 상황이 마음에 안 들어서요. 이쪽으로 갈려고 하는데 정확하게 이쪽을 몰랐던 것 같아요. 그런데 쉽게 오랜 시간이 흘렀지만 지금은 인제 그게 명확한 것 같습니다. 지금 내 나이가 꽤 됐는데 경제적으로… 음… 부족하다고 생각하니까. 그래도 아직까지는 일을 하고 있으니까… 누구나 다 그렇겠지만… 지금 일을 하지 않고 놀고도 싶습니다. 어쩌면 그 상황이 아니니까…. 지금 회사를 다니면서 월급을 받고 있는데 곧 이제 그만두라고 하겠죠.

상담사: 그럼 이제 정년에 걸린다는 이야기인가요.

내담자: 예, 예. 그 이후에는 우리아이가… 나이가… 우리아이들

나이가 열다섯, 열둘이거든요. 중2하고 초5학년이거든요. 60세까지 일을 할 수 있다고 해도, 그래봐야 7~8년 정도 더 일을 하는 거잖아요. 지금 이 상태로 회사를 다니면서 그렇게 많지 않은 월급이고, 그렇게 만족하지 않은 직장이고요. 20년 전에 여기 입사할 때는 만족했었죠. 그때는… 음…. 하여튼 지금은 이런 상태입니다. 이런 상태…. 지금 나이 어린 아이들 둘이 있고, 제가 일을 해야 되는 상황이고요. 저는 일이 싫습니다. 여러 가지 문제들이 있죠. 근데 7-8년과 얼마 전… 전에 상담 받았을 때 근데 그 문제들을 한방에 해결할 수 있는 방법은 경제적으로 확 좋아지는 방법 외에는 없더라고요. 이 부분에 대해 상담을 앞으로 받으려고요. 그리고 제가 밤에 술을 먹어야만 잠을 자거든요. 그것도 있습니다. 10 몇 년 동안 술을 먹었었는데, 아니 먹고 있는데요. 365일이면 거의 300일 동안 술을 먹어요. 술 먹고 나서 못 일어난다거나 문제를 일으키거나… 집안사람들을 괴롭힌다거나 그런 것은 없습니다. 술 먹고 바로 자거든요.

상담사: 술 먹고 잠을 잔다….

내담자: 예, 몸에 이상은 없고요. 몸에… 1년에 한번 신체검사를 해도 이상이 나오는 것도 없고요. 근데 그렇게 술을 먹고 자면 다음날 아침에 늦게 깨게 되죠. 회사근무가 물류회사다 보니까 밤11시 반이나 12시 정도에 끝나 집에 들어옵니다. 그때부터 술을 먹고 그러면 2시에서 3시가 되는데…

음… 그 다음날 아침에… 아침을 잘 못 보죠. 근데 아침을 보고 싶은데 이렇게 표현을 하면… 몸의 피가 나빠 여드름이 하나 나면 '여드름 짜주세요.' 하는 것 밖에 안 되거든요. 겉으로 드러난 문제는 밤에 술을 먹어야 잠을 자는 부분, 그리고… 어머니가 계신데 82세이고…. 어머니… 7·8년 전에는 어머니하고 같이 살았었어요. 3년 전에 이젠 도저히 견디지 못하겠다 생각해서… 분가를 하게 되었는데요….

상담사: 견디지 못했다 그러면, 선생님이 견디지 못했다는 거예요? 아니면 어머님이 견디지 못했다는 건가요〉

내담자: 저죠. 저…. 아, 그… 어머님이 끊임없이… 그… 부정적인 말을 내뱉습니다. 단 한마디도 긍정적인 말이 없고 누가 죽었다더라, 누가 아프다더라…. 당신이 연세가 드셨으니까 하는 말일 텐데, 음… 끊임없이, 끊임없이, 끊임없이, 하루 종일 계속… 부정적인 말… 그것도 하지 말아주세요. 그런데 저도 변하지 않는데 어머님은 더 안 변하시겠죠…. 그리고 제가… 그래서 제가 어릴 때 삐딱하게 잘못된 길로 들어서지 않았을지는 모르겠지만 어머님은 이거 하지 마라, 저거 하지 마라, 이거 하지 마라, 저거 하지 마라, 이거 하지 마라, 저거 하지 마라 계속 끊임없이…. 그래서 학교 다닐 때 고등학교까지 개근상도 타고 나왔겠죠. 근데 그게 결코 좋은 것만은 아닌 것 같더라고요. 그래서 우리 애들 만큼은 그렇게 키우고 싶지 않아서, 하고 싶은 것 하라고

내버려 두고 싶은데, 내버려 두면은 절대 그렇게 되지 않습니다. 끊임없이 이거 하지 마라 저거 하지 마라 그래요. 하여튼 그랬었고… 음… 그래서 제가 견디지 못했던 것 같았어요. 거의 같이 사는 시간에 지옥 같았다고 생각하고…. 그리고 어머님한테 가끔가다 전화를, 가끔가다가 아니죠. 거의 하루에 한두 번씩 전화 올 때마다, 전화 벨소리 들릴 때마다 노이로제가 걸리는 것 같아요. 누님도 한 분 계신데, 저의 형은 미국으로 이민을 갔죠. 그런데 아마도 형이나 형수도…. 형은 모르겠으나 현명하게 행동을 한 거죠. 할머니, 시어머니하고 같이 있었다가는…. 하여튼 약간 야속한 부분도 있고, 뭐야, 그분이 현명하게 생각하고 잘했다고 그렇게 생각합니다. 누님은 저보다 2살 위고 형이 4살 위고 제가 막내인데, 누님하고 제가 거의 그런 고통을 당하고 있죠. 어머니에 대한 그런 부분…. 어머니하고 같이 있을 때나 전화할 때면 막 치밀어 오르는, 그런 조절이 안 된다는 그런 부분에 대해서 분노조절이라고 말씀을 드렸던 거고…. 그런데 그것 때문인지 뭔지 가끔가다가… 그… 신용카드로 물건을 사는 것 있죠? 인터넷 그런데서 그 사람이 주민등록번호 물어보고 주소 물어보고, 전화 물어보고, 뭐 물어보고, 뭐 물어보고…. 보통 사람들은 그런 것 다 대답을 하고 나서 물건을 살 수가 있잖아요? 그걸 못 참겠더라고요. '당신 나 약 올리는 거지?' 그렇게 막 튀어 올라오는 것이 있습니다. 그래서 그게 조절이 안 되는 것 같아요. 하여튼 이건 겉으로 드러난 여드름 정도…. 하여튼 여러 가지 그런 것 같아요. 술을 먹고 잠을 자야 되는 것. 그런데 제가 술 먹은 다음에 제일 싫은 게 다음날 아침 머리가 아픕니다. 돈을 적게 들이려고 소주하고 맥주하고 사다가 집에서 혼자 마시기 때문에 밖에서 술을 사먹을 그럴 만한 돈도 없고요. 그렇게 술을 섞어 먹다보니까 다음날 아침… 문제가 제가 주식을 하는데… 주식으로 돈을 많이 잃어버렸죠. 지금 길이 보이는 것 같은데… 돈을 벌 수 있는 길이 보이는 것 같은데… 새벽 3시 정도에 잠을 자니까, 뭐 10시-11시까지 퍼질러 자는 거죠. 주식하는 사람이 주식한다고 뭐… 그게 말이 안 되는 거죠. 그나마 직장에서 받는 월급으로 한 달에 몇 푼 나오는 거나마 지금 20년간 회사에 다니면서 유지하는 거, 그나마 우리 어머니 교육 덕이겠죠. 이거 하지 마라, 저거 하지 마라, 갑자기 때려치지 마라 그런 것도 있었겠죠. 그나마 계속 20년 간…. 하여튼 저에 대해서 말을 많이 해드려야 선생님께서 해주실 수 있는 그런 것이 있기 때문에 지금 이 상태를… 말씀을 드리고 제가 이쪽으로 가고자 하는… 지금 이 나이에 다른 회사에 들어가서 직장생활을 한다는 것은 힘들 것 같고…. 저는 주식 트레이너가 되고 싶어요. 10몇 년 동안 주식 차트를 보면서 돈을 많아 꼴아 부으면서, 지금 길이 보이는 것 같습니다. 그런 길이 보면서도 실행을 하지 못하고 있어요. 막내로 자라서 어머니한테서 사랑받고, 보호받고… 뭐 그래서 그런지 겁이 굉장히 많은 거 같고 용기가 없는 것 같아요. 아무튼 그런 생각이 듭니다. 주식을 할 때도 과감하게 들어가고 나가고 해야 하거든요. 그런데 매일밤 술을 먹고, 술도 약간의 도피… 현실에서 도피용으로 술을 마시는 이유도 있는 것 같습니다. 잠을 자기 위한 것도 있긴 있는데 근무가 아침에 새벽 5시30분에 나갈 때도 있고 오후 낮 12시 반에 나가는 경우도 있어요.

- 중 략 -

상담사: 분노조절을 하고 심리적 정서적으로 안정되고 싶다…. 그런데 언제 분노가 올라오게 되나요.
내담자: 어머니와 같이 있으면 조절이 안돼요. 이것은 저만 그런 것이 아니고 누님도 그래요. 똑같이…. 우리 누님은 저보다 더 심각합니다. 혈압이 평상시 110에서 120 정도인데 막 180, 200까지 올라가고요….

- 하 략 -

내담자는 결혼 17년차이며, 중학교 2학년, 초등학교 5학년의 두 남매를 두고 있다. 현재 직장에 20년째 근무하고 있으며, 직장은 안정적이라 근무하는데 있어서 어려움은 없다.
그러나 50대에 접어들면서 퇴직 이후에 대한 생각을 하게 되어 저

넉에 술을 마시게 되었다. 그리고 어머니 생각만 하면 화와 분노가 올라오고 감정 조절이 어렵다. 따라서 상담사는 내담자의 무의식에 고착된 미해결과제와 상처받은 내면아이를 탐색하고자 한다.

내담자의 언어 분석과 총체적 심리상황 분석을 통하여 자기인식을 유도하고 대인관계를 정립하며 분노 완화 능력을 배양하고자 한다. 이를 통하여 자아기능을 강화시키고 현실적이고 수용적인 태도를 갖도록 한다.

다음 상담 때에는 성장과정에 대하여 살펴보는 시간을 갖기로 하였으며, 어린 시절 첫 기억에 대해 생각해 올 것을 과제로 주었다.

제2회 상담

경청, 지지, 공감 등으로 관계형성(rapport)을 하고 과거탐색을 통하여 과거의 경험이 현재에 미치는 영향에 대해 사정하였다.

내담자는 어머니 외 다른 사람들과의 관계에서도 감정조절에 어려움을 느끼며, 분노, 화 등 비슷한 감정을 느낄 때가 많다고 했으며, 중·고등학교 시절 2번의 자살시도 등 트라우마(trauma)에 대해 이야기하였다.

- 전 략 -

상담사: 술을 매일 먹다보면 사소한 머리회전이라고 그럴까, 그런

부분에서 다소 조금 둔화되겠죠.

내담자: 아무래도 그렇게 되겠죠. 제일 중요한 것은, 저는 아침 시간이 제일 중요한 시간인데 그 시간을 놓치게 되니까….

상담사: 아침이 제일 중요한 시간이라고 하셨는데 어떤 점이?

내담자: 말씀드렸듯이 저는 지금 주식 트레이너가 되고 싶은데요. 주식 트레이너에게 제일 중요한 시간이 오전 9시부터 10시 반 그 사이입니다.

상담사: 결국은 술 좀 끊는 것이 지금 현 상태에서는 가장 중요하다고 보이네요.

내담자: 예, 제가 원하는 거죠.

상담사: 그러면 상담의 목표….

내담자: 술을 끊는 것이 목표가 아니고, 저는 이 직장을 안다녀도 될 정도로 수입이 주식에서 나와야 되거든요. 그게 목표죠. 그게… 그것만 된다면… 그걸 방해하는 이유 중 하나가 술인데 자꾸만 이 핑계, 저 핑계대고…. 지금은 술 먹을 생각 전혀 없어요. 전혀 없고. 그런데 밤11시반 정도 되면 이상하게 꼭 마시게 됩니다.(하하하) 99% 이상(하하하)….

상담사: 11시 30분 정도 되면 술을 먹게 된다.

내담자: 배도 고프고 그러니까.

상담사: 그러면 끊어본 적은 있나요.

내담자: 예. 한두 번 20일 정도. 한 번은 한 달 정도….

상담사: 술을 안 먹게 되었을 때는 어떻든가요.

내담자: 상쾌하죠. 아침에 머리가 전혀 안 아프고, 깨어나면… 밤

에 잠을 잘 때 잘 못자고 그런데… 머리가 맑고 항상… 하루 생활하면서 찌뿌둥한 게…. 커피에 의지해서 살았었는데… 뭐 머리가 맑았던 것 같아요.

상담사: 그래도 20일이나 한 달 정도를 안 먹은 적이 있는데, 금단 현상이라든지 부작용 같은 것은 없었고요.

내담자: 글쎄요…. 그건지 아닌지 모르겠는데 약간 좀 변비 끼가 있었던 것 같고, 살짝 부작용은 있었던 것 같았어요. 있더라고요. 이게 부작용인가 금단현상인가(웃으면서) 추측은 했습니다. 그건지는 모르겠습니다. 아무튼.

상담사: 신체화 증상…. 음… 술을 안 먹게 되었을 때, 평상시 술을 드시다가 일정기간 안 드신다고 하면 많은 생각이 났을 텐데….

내담자: 생각 같은 것은 없는데요. 그냥 변함이 없습니다.

상담사: 오전이나 오후에 술 생각을 안 하다가 저녁 11시 30분이 되면 술이 생각이 나고….

내담자: 밥 먹기 위해서죠.

상담사: 그래서 나도 모르게 술이 들어오고 있다. 이렇게 이야기하셨는데…. 이러한 상황이 매일 지속적으로 이루어지고 있는데, 두 번이나 끊어보신 적이 있다는 거예요. 한 번은 한 달 정도이고 한 번은 20일 정도…. 그러면 이 기간이 최근의 일인가요, 아니면 몇 년 전에 끊어 보신 건가요?

내담자: 7, 8년 전이죠.

상담사: 아, 7, 8년 전… 그때는 무슨 계기가 있어서 그랬나요.

내담자: 지금처럼 끊고 싶었습니다.

상담사: 아, 끊고 싶어가지고⋯ 그때 끊어본 경험이 있기 때문에 조금만 더 노력을 하시면 충분히 가능성이 있으리라고 생각해요. 그리고 술을 끊어 보니까 부작용도 그렇게 심하지 않고, 특히 금단현상으로 환각이 보인다던지, 환청이 들린다던지, 손을 덜덜덜 떤다든지, 수전증이 있다든지 하는 그 정도는 아니잖아요.

내담자: 예. 그런 거 같아요.

- 중 략 -

상담 장면에서 상담사는 내담자의 문제에 관하여 그가 어린 시절에 경험했던 두려움의 감정, 사고, 기호로부터 가장 근본적인 것을 이끌어냄으로써 이해될 수 있으며, 내담자가 그러한 감정을 재경험하고 통합함으로써 더 온전하고 풍요로운 자아와 삶의 기능성을 찾도록 하는 것이 치료의 초점이다(Wachtel, 1993: 32).

상담사는 내담자의 현재 성향에 미치고 있는 과거의 경험을 사정하기 위하여 과거탐색을 하였다. 초기 상담 장면에서 내담자의 성향을 사정하기 위해서는 성장과정을 살펴보아야 한다. 이를 통해 현재 내담자의 성향에 미치고 있는 생애 초기에 가졌던 관계경험, 특히 주요 양육자(어머니)와의 관계경험을 바탕으로 어떻게 자신과 다른 사람들에 대한 표상을 형성하며, 이런 내면화된 표상들이 개인의 성격형성과 이후 주변사람들과의 관계에 어떻게 영향을 미치는가를 살펴본다.

내담자가 표출하는 현재 모습은 과거의 경험이 현재 영향을 미치는 것으로, 나타나고 있는 증상의 변화와 치유하기 위해서는 어떠한 경험을 하였는지 사정하여야 한다. 이를 위해 과거탐색을 하였다.

과거 탐색은 내담자의 변화와 상담의 효과를 이끌어 내기 위해 사용하는 기법으로써 초기 상담 때 사용한다.

내담자: 아버지가 바라는 대로 ○○중학교를 갔어요. 뺑뺑이로… 고등학교도 들어가고… 중학교 친구를… 아직도 만나는 친구가 3명 있어요. 고등학교 친구는 만나는 친구는 없고요. 중학교, 고등학교 때 한 번씩, 총 2번 자살을 시도한 적이 있어요.

상담사: 몇 학년 때…?

내담자: 한번은 중3이었던 것 같고요. 또 한번은 고등학교 2학년 때….

상담사: 자살을 생각한 것인가요. 시도를 했다는 건가요.

내담자: 시도를 했죠. 그때 공부를… 중학교 1학년 2학기 때 지금 만난다는 친구 녀석하고 경쟁이 붙어서, 공부하려면 잠을 안 자야했고, '아지반'이라는 약을 먹으면 잠이 안 오는 약이 있었어요. '아지반' 그 이름이 지금도 생각이 나네요. 야(감탄하며 웃는다)… 그런데 잠이 안 오는 약이 아니고 수면제를 많이 먹으면 죽는다는 것을 알게 되었어요. 그래서 중학교 3학년 때는 몇 알인지는 모르겠는데 꽤 많이 먹었는데, 몸이 하도 좋은지 멀쩡하게 깨더라고요. 다음날 아

침 조용히 학교에 갔던 기억도 나고요. 고등학교 2학년 때에는 그 정도 양가지고는 안 되는구나 알고서… 그 약을… 어린 놈이 사려고 하면 약국에서 잘 안 줬어요. 그래서 조금씩, 조금씩 약국을 수십 군데 돌면서 모았던 거 같습니다. 그래서 치사량만큼 먹었는데, 이틀만인가 사흘 만에 깼대요. 그때 사흘 만에 깼는데… 그리고 학교를 갔죠. 그런데 저랑은 전혀 상관없이 이황천(가명)이라는 녀석이 있었는데, 그놈하고는 같은 반이었는데 그놈은 그 다음 방학 때 자살시도를 해가지고 성공을 했어요. 그렇게 책상 위에 꽃이 놓여있는 걸 보았는데… 선생님은 죽은 사람들에게 그런 말을 하면 안 되는데 '나쁜 놈이다.'라고, 그런 말을 했어요…. 중학교 2학년 때 학교선생님이 말씀하시기를 일기를 쓰면 여러 가지 좋다고 해서… 일기를 쓰기 시작했는데 일기가 생각이 넓어지기보다는 깊어지는 것을 강화시키더라고요. 근데 나쁜 쪽으로 강화시켰던 것 같습니다. 그때 말을 더듬었어요. 지금도 말더듬는 것이 남아있나요?

상담사: 아니요. 안 더듬고 말을 잘해요.

내담자: 말더듬는 애들이 머리 회전은 빠른데 이 혀가 발달하지 못해가지고 그렇다는 말을 들었어요. 제가 어렸을 때… 초등학교 1학년 때부터 말을 더듬었거든요.

상담사: 초등학교 1학년 때부터요?

내담자: 공부를 잘하면서도… 국어책 읽을 때 약간 긴장하고 그랬던 것 같은 기억이 나는데… 중학교, 고등학교 때까지 남

아있었던 거 같아요. 그리고 안경이 계속 두꺼워지고… 상대방이 제 눈을 못 보니까 뺑글뺑글 돈다고… 일기장에 보면… 읽고 다 태워버렸습니다. 태워버렸는데 일기장에 보면 '난 죽어버려야 된다.' 그러면서 이유가 딱 3가지 들었던 것 같아요. 말을 더듬는다. 눈이 나쁘다. 그리고 집이 가난하다. 참 유치한(하하) 되게 유치한 생각이었죠.(하하하)

상담사: 말을 더듬고, 눈이 안 좋고, 집이 가난하다.

내담자: 집이 그렇게 가난한 것도 아닌 것 같고요. 말더듬는 것도 심한 것 같지 않고, 지금 보면…. 근데 자살을 생각만 한 게 아니고 실제로 시도했으니까… 일기를… 일기를 쓰면서 제 스스로 세뇌를 시키는 것이 파워가 굉장히 강했던 것 같습니다.

상담사: 지금 돌이켜 보았을 때 그것이 큰 문제가 아니라고 생각하지만, 그때 그 당시 상처받은 아이 입장에서 보았을 때 그것이 전부였다는 거지요. 죽음을 택할 정도로 아주 절박했던 그런 콤플렉스로 작용하지 않았었나….

내담자: 용기가 없었던 거 같아요. 어머니한테 대들 용기, 김치 싸달라고 하든지 아니면 여자애 손잡고 걸어가면… '니가 먼데 마!' 하고 배짱, 배짱이 아주 부족했던 것 같습니다. 그런데 지금도 와이프하고 애가 없었다면 아마 제 죽음은 자살일 것 같아요. 지금도 그렇게 생각합니다.

상담사: 지금도 죽으면 자살일 것이다. 아이가 없으면 이라고 했는데, 그 이야기를 조금만 더해주시면….

내담자: 지금… 지금까지 제 삶을 왜 자꾸 죽어야 한다는 생각하는지 모르겠는데 그것도 어릴 때 자살 기억… 아까 항상성? 그것 때문에 생각하는 버릇이 있나 봐요. 지금 이렇게 사는데 어때, 배짱 그런 것이… 남들이 어떻게 살 건 나는 이렇게 살면 되는데… 선생님께서 첫날 만났을 때에도 선생님이 이런 것 저런 것 물어보았을 때 연봉도 그렇게 밑도 아니고 위도 아니라 그냥 살면 되는데, 나쁜 쪽으로 생각하는 버릇이 있는 거 같아요.

- 하 략 -

정신분석은 실제이면서 이론이고 기법과 원리에 관한 것이다. 정신분석치료에서는 많은 개인을 미세하게 연구함으로써 인격발달의 이론이 고안되었고, 모든 과학에서와 마찬가지로 새로운 발견과 함께 끊임없이 변화하고 있다.

이러한 인격 역동의 원칙은 널리 적용된다. 정신분석 시행이나 일반적인 정신치료에 국한되지 않고 인간이 연구대상인 모든 활동 영역, 많은 분야에 확대된다(Alexander, F. & French, T. M, 1946: 4-5).

과거탐색을 통하여 내담자의 마음에 자리 잡고 있는 어두운 그림자를 탐색하였으며, 현재의 어려움이 있기까지 경험한 부분과 성격형성에 영향이 미치게 된 요인들을 사정하였다.

내담자는 성실한 태도로 상담에 임하였으며 상담에 대하여 긍정적인 사고를 갖고 있다. 다음 상담 때에는 가족 및 어머니와의 관계에 대하여 사정하고자 한다.

제 3회기

가계도와 과거탐색에서 얻은 내담자의 자료를 통하여 가족관계망을 살펴보았다.

양육자(어머니)와의 어린 시절 성장과정과 가족관계를 심층적으로 다루고 현재 내담자의 역동의 원인을 조망하고 사정하였다.

내담자는 상담에 대해 긍정적으로 생각하며, 과제를 잘 수행하였다. 상담을 통해 지난주에는 이틀이나 술을 안 먹는 변화를 가져오기도 하였다. 매일 술을 안 먹었으면 좋겠다고 하면서 스스로 변화하는 모습에 뿌듯하다고 하였다.

- 전 략 -

내담자: 삶에 변화를 주려고 노력했는데 잘 안 되었어요.

상담사: 주로 어떤 변화를 주려고 했었죠?

내담자: 술 좀 안 먹어보려고요.

상담사: 아, 술….

내담자: 이틀 안 먹다가… 도로 빽 했습니다.(하하하)

상담사: 이틀 안 먹고, 도로 먹게 되었다. 그래도 지난 화요일 상담을 받고 오늘이 수요일인데 8일 중에 2일을 안 먹었다는

것은 굉장히 높은 수치죠.

내담자: 에너지가 필요한 것 같은데⋯ 에너지가 막 생기다가 한 번 깨지니까 그냥⋯ 아⋯ 이런, 이런 경험이 뭐⋯ 수백 번 있었으니까요.(하하하)

상담사: 아, 수백 번⋯.

내담자: 아침에 깰 때는 머리도 아프고, 찌뿌둥하고, 보기 싫어가지고 먹지 말아야겠다. 그러는데 밤 되면 그냥 먹게 됩니다. 그냥⋯.

상담사: 여전히 맥주 패트병 1,000cc 인가요?

내담자: 예. 그거 하나랑 소주 한 병⋯ 술 안 먹으려고 술이 떨어졌기에⋯ 안 사다놨는데 술 먹는 사람이다 보니까 집 여기저기 찾아보니까 뭐 별 술이 다 있습니다. 양주 뭐, 포도주⋯ 그걸 꺼내 먹게 되더라고요.(휴~ 한숨을 쉰다.) 그리고 어머니⋯. 목동에 사시는 어머니⋯.

상담사: 어머니가 목동에 사시나요?

내담자: 예. 저는 부평에 살고요. 차로는 30~40분 걸리는데 TV⋯ 목동으로 들어간 지가 두 달 반 정도 된 것 같아요. 그런데 TV 공중파 KBS에서 SBS, MBC 그것만 보면 심심하실까봐 케이블 TV를 설치를 해드렸는데 리모콘 조작을 어떻게 해서 안 나오게 만들어버리세요. 그게 딱 아무것도 움직이지 말고 TV버튼 그거 하나만 누르게끔 말씀을 드리고 거기다가 하얀색으로 화살표시까지 이렇게 해놓고 요것만 눌러라 하고 해놨는데⋯ 다른 걸 막 눌러가지고 안 켜지게

되면, 막 이젠 몇 번 이렇게 눌러야 되고 그런 게 있는데, 그런데 자꾸 안 나온다고 그러니까 방송, 케이블 방송 그 직원까지도 너무 여러 번 오니까 신경질 내고 관리실 사람, APT관리실, 전기 설비하는 사람이 열댓 번 넘게 왔다 갔을 거예요. 전기실 아저씨도 그거 자꾸 몇 번 만지면 되는데… 그 사람도 왜 익숙하지 않은가 봐요. 결국은 어제 또 불려갔죠. 불려가 가지고 아침에 10시에 깨는 것도 찌뿌둥 하거든요. 그때 껬다가 가서 잠깐 있다가 사무실 출근 했는데, 고 잠깐 있는데도 어머니가… 어머니가 하는 말씀 중에 듣기가 너무너무 힘든 말이 있어요. 맨 날 "나는 아무것도 모른다. 모른다. 나는 바보다." 그런 말을 우리 애들이 있는데도 하고 그래서 제가 제발 그 말씀은 하지 말라고 그래도 자꾸 그 말씀을 하셔서 그 말 한마디만 하면 가버리겠다고…. 소위 말해서 뚜껑이 열리는 거지요. 몇 가지 말이 있습니다. 듣기 싫은 말이 자꾸 그런 말씀을 하셔가지고…. 아침에 거기 갔다가 그냥 출근했는데… 그냥 또 피곤한 하루였네요.(하하하) 어제는 그런 일이 있었습니다. 어머니 대면하고 뚜껑 열리는 날이야 뭐… 원래 대면하기만 하면 뚜껑이 열리니까… 특별한 일은 아니지만… 아, 이런 다람쥐 쳇바퀴 돌듯이 이런 삶이 계속 되니까… 지금 나이 들어서 노후 대책도 안 되어 있는 상태에서 갑갑하네요.

상담사: 예, 시간이 흘러도 지금의 삶이 계속 큰 변화 없이 연장선

상이 될 것 같다 이런 이야기이죠.

내담자:　과거부터 계속 그렇고 아… 장가가기 전에는 정말 하늘을 찌를 듯한 에너지가 충만하고 그랬었는데… 애를 낳고부터는 이런 삶이 지속되네요.

- 중 략 -

우리의 치료결과가 의존하고 있는 역동적 원리를 예시하기 위해서는, 그것들을 치료 강도를 조절하는 문제에 적용시키는 것이 흥미 있을 것이다. 어떤 치료든 치료자는 과정 내내 어떤 주어진 순간에 치료의 강도가 얼마나 강해야 하는지에 대해 끊임없이 결정해야만 한다.

치료자가 이러한 강도를 조절하는 주된 방법이 해석의 조심스런 사용이다(Alexander, F. & French, T. M, 1946: 140).

내담자는 부정적 자기표상에 의하여 부정적 투사를 하고 있으며, 지속적인 자책감과 합리화를 하고 있다.

상담사:　어릴 때는 어땠나요. 어머니하면 떠오르는 어릴 때 기억은 어떠한가요.

내담자:　가장 어릴 때 기억나는 것은 청주에 집이 있었는데요. 방을 두 개 터서 안방을 크게 해가지고 아버지하고 어머니하고 저하고 잤고, 누님하고 형은 건너 방에 잤고 초등학교 들어가서도 어머니하고 같이 잤던 것으로 기억해요. 껴안고요. 어머니하고 다리를 겹치고 껴안고 잤던 거 같아요.

그리고 예전에 아주머니들이 다 그랬잖아요. 빨래 손으로 하고, 연탄불 안 꺼지게 하고… 아버지가 돈을 잘 벌 때도…. 초등학교 어렸을 때에는 돈을 잘 버셨을 때인데… 그 때 이후인가? 젓갈 같은 거 거창인가요. 저기 하여튼 남쪽에서 큰 드럼통으로 젓갈 그거를 서울로 가지고 와서 인제… 트럭으로 이집 저집 파는데, 진짜 좋은 젓갈이다 하는데 그거를 판매… 중개판매라고 하든가요. 조금씩 돈을 받았던 기억도 나고요. 그리고 아버지가 술을 자주 드시고 오셨는데 술 먹는다고 맨 날 잔소리 하셨던 거… 아버지는 일요일 날이면 잠을 자는 경우 하루 종일 잠자는 경우도 있었고, 반 정도는 산에 가시는 경우도 있고, 어머니가 가끔가다가 어머니와 아버지가 커뮤니케이션, 그것도 커뮤니케이션인지 모르겠으나 어머니와 아버지가 막 싸울 때… 자주 싸우지 않았지만 우리 삼남매는 거의 공포 분위기였고… 식칼 가지고 와라, 다 죽자, 뭐… 직접 식칼 가지고 와서 그런 일은 없었지만. 그리고 막 방바닥에 미꾸라지에 지렁이에 소금 뿌려놨을 때처럼 그런, 막 움직이세요. 어머니가… 아버지한테 어머니가 그렇게 커뮤니케이션을 하는 거죠. 그리고 부산에 작은이모가 있었는데… 작은이모, 큰이모 다 부산에 있었는데 그쪽에 며칠간 가 있고 그랬던 기억이 나네요.

상담사: 그러면 작은이모, 큰이모집에… 어머니가 부부싸움 하면 갈 데가 있었다고 했는데, 그렇게 가게 되면 삼남매를 다

데리고 간 건가요? 아니면 어머니만 혼자?

내담자: 혼자 도망갑니다.

상담사: 가장 기억나는 어린시기에 언제 싸운 게 기억이 나나요? 삼남매를 놔두고 가버린다. 그때, 가장 어렸을 때 기억이…

내담자: 자주 그런 게 아니니까…. 초등학교 언제가 잘 모르겠으니까.

상담사: 초등학교 저학년 때인가요? 아니면 고학년?

내담자: 저학년 때도 그런 적이 있었던 거 같고, 고학년 때도 그런 일이 있었던 거 같고…. 그런데 학교 다닐 때(웃으면서) 그러지는 않은 것 같고요. 그러니까 문제가 없을 때… 방학 때 그랬던 거 같아요. 어머니가 그때도 그랬어요. 아버지한테 커뮤니케이션 할 때 내가 뭐 술 먹는 거 때문에 그렇지 내가 딴 것 때문에 그런 게 아니다. 그렇게 사실대로 이야기하지 않았던 거 같아요. 사실대로 이야기하면… 아버지가 술 먹는 것은 아버지 자유고, 나는 여자로서 하나의 인간으로서 어디 같이 놀러도 다니고, 새 옷도 사 입고 그리고 싶다는 말을 해야 되는 거 같은데, 그런 말은 전혀 없이 맨날 한다는 이야기가 아버지 당신 몸을 위해서 뭐 술 먹지 말라고 그런 거. 그건 뭐 정말 원하는 표현이 그런 게 아니거든요. 그런데 지금도 그러세요. 커뮤니케이션이 안 됩니다. 커뮤니케이션이 서초동에서 목동으로 어머니를 이사를 시켜드렸다고 했잖아요. 서초동에 있을 때 잼 세 통, 사촌

이 사놓은 것이 있었는데 그걸 안 갖고 왔다는 거예요. 이사 올 때 거기 짐 하나도 없었거든요. 다 갖고 왔거든요. 아무튼 백 번은 넘게 했어요. 또 잼 3개 갖고 왔다는 등… 누나가 그래요. 그거 잼 사오라는 이야기야. 당장 누나가 사가지고 갑니다.

상담사: 어머니의 의사표현이 직접적으로 이야기 하지 않고 간접적으로 비유적으로 이야기를 한다는 거네요.

내담자: 예, 거짓말도 자주하시고요.

상담사: 초등학교 저학년 때… 그 이전에도 있을 수가 있었겠네요. 어머니가 삼남매를 놔두고 가출한 적이.

내담자: 예, 예….

상담사: 기억나는 것은 초등학교 저학년, 고학년이 되지만 그 이전에도 있을 수가 있다는 거죠.

내담자: 있었겠지만 뭐 문제가 됐던… 예….

상담사: 초등학교 저학년, 고학년 외에 초등학교 들어가기 전에도 그런 일이 충분히 있을 수 있는 상황이고, 그리고 그때 삼남매는 어머니가 나가시면, 이모 집으로 도피하러 가시면 그러면 삼남매는 어떻게 지냈어요? 밥은 누가 해주었으며….

내담자: 누나가 뭐 대충 해서 먹었던 거 같아요. 그것 때문에 충격을 받지는 않았던 거 같아요. 학교 다닐 때 그런 것 같지도 않고, 특별히 우리가 깨서 간 기억이 없습니다. 방학 때였던 거 같고….

상담사: 어머니가 한 번도 깨워주지 않았던 건가요? 아침에?

내담자: 대부분은 어머니가 깨워서 갔던 거 같은데….

상담사: 부부싸움 후 어머니가 도피처로 부산으로 내려가신단 말이에요. 그런데 초등학교 저학년이나 더 어렸을 때에도 그러한 일이 있는 것 같고.

내담자: 예, 있었겠죠.

상담사: 그러면 충격을 받지 않았다고 했는데….

내담자: 그게 횟수가 많지 않았고요. 그게 충격이었기 때문에 기억이 나는 것이지, 딴 것은 기억이 나는 것은 별로 없습니다.

상담사: 아, 충격이었기 때문에 기억이 난다.

내담자: 아버지가 그러면 며칠 있다 부산으로 내려가서 모시고 온 적도 있던 거 같고, 아니면 며칠 있다 스스로 혼자 올 때도 있고 그렇습니다.

상담사: 그러면 삼남매 중에 가장 어리다는 거죠.

내담자: 예, 제가 막내이니까요.

상담사: 그때 충격을 안 받았다고 하는데, 그러면 내성이 길러졌다는 이야기 인가요? 어린 시절에 어머니가 자주 나가는 것에 대해서.

내담자: 자꾸는 아니고 평소에 네다섯 번 정도 인 것 같은데요.

상담사: 네 번 내지 다섯 번이라고 했나요?

내담자: 예, 기억나는 걸로 만요.

상담사: 기억나는 걸로…. 자, 한 번도 아니고 네 번이나 다섯 번 기억나는 것….

내담자: 나중에는 또 가셨구나…. 모르겠어요. 그때는 나는 뭐 제일 쪼그만 어린애였으니까. 맨날 놀기만 해요. 학교 갔다 오고 그랬으니까요. 저랑 상관없는 일이죠(하하하하하.) 우리 누나가 힘들었겠죠. 누나가 여잔데 내 밥을 챙겨줬겠죠. 밥이나 연탄불이나 갈아본 적도 없고 신경도 안 썼으니까… 누나가 했겠죠.(흐하하하하하하.) 아니면 아버지가 했던가.

- 중 략 -

상담사: 어머니가 어느 날 갑자기 내 의사와 관계없이 없어졌어. 그러면 분리불안이나 격리불안을 느끼기 시작해요. 아이의 마음속에… 죽음보다도 더 두려운 트라우마죠. 말 그대로 충격이에요. 이런 일들이 한 번, 두 번, 세 번 경험을 하면서 내성이 쌓이게 된다는 거지요. 그리고 어머니가 나를 두고 떠나는구나, 그런 생각이 들 때는 배신감, 분노감. 나도 따라가고 싶은데 못 따라오게 하면서 떠나갔을 때, 그때 그 아이는 '이제 어머니가 떠나갔으니까 아버지마저 떠나면 어떻게 하지?' 이런 마음이 깊이 뿌리 깊게 박혀 있다는 거예요. 아이의 마음에는 응어리가 맺히게 되지요. 이 이야기를 해드리는 이유는 어머니가 나를 떠나갔는데도 마음의 동요가 없었다고 하니까…. 그것은 어쩌면 내 무의식 속에 깊은 곳에 잠재되어 온 분리불안증 또는 격리불

안. 이것은 어린아이로서 감당하기 어려운 일들 일 거예요. 어린아이의 무의식에 트라우마, 충격으로 고착화되어 미해결과제로 남게 되는 거죠. 상처받은 내면 아이가 현재의 내 생활에 영향을 미치고 있거든요.

- 하 략 -

성장과정에서 아이가 중요하게 생각하는 사람 또는 사랑의 대상은 양육자(어머니)이다. 그러므로 어머니로부터 소홀한 대접을 받는다든지 냉정한 대접을 받게 되면 아이는 어머니의 사랑을 의심하게 되고, 그 의심이 사랑의 대상에서 미움의 대상으로 바뀌게 된다.

어머니로부터 받는 모든 것이 재미없고, 맛이 없었다면 그러한 어머니는 아이로부터 미움을 받는 대상이 된다. 만일 아이가 어머니를 미워하게 되면 어머니도 아이를 미워하게 될 것이고, 그렇게 되면 어머니가 언제 아이를 버릴지도 모른다는 두려운 느낌을 가지게 된다. 이러한 느낌이 쌓여서 결과적으로 버림을 받게 될지도 모른다는 불안이 사실처럼 느껴진다.

유기불안은 우울증을 가지게 하고, 우울증은 분노를 느끼게 한다. 그리고 분노는 사람을 두려워하게 만들고, 사람을 두려워하기 때문에 사람을 만나는 것을 피하는 열등감이 죄의식을 만들어 낸다. 죄의식은 아이를 공허하게 만들고 무력하게 하며, 공허함과 무력감은 나태성이라고 하는 게으른 병을 가지게 한다(임종렬, 2002: 235-236).

내담자는 어머니와 대화를 나누다 보면 화가 나서 견딜 수가 없으며, 이러한 원인이 어디에서부터 시작되었는지 알 수 없다고 하였다.

상담사는 내담자의 어린 시절 어머니와의 관계를 과거탐색을 통해 살펴보았다. 내담자가 어렸을 때, 아버지와 어머니가 부부싸움을 한 뒤 어머니가 이모가 있는 부산으로 내려간 적이 몇 번 있었다. 그 후 내담자는 어머니에게 착한 아들, 말 잘 듣는 아들이 되어야 했으며, 어머니한테 싫은 소리 한번 하지 못하고 어린 시절을 보내게 되었다.

그 후 우울한 시기를 보냈으며, 대학교시절 20대부터 40대까지 활발하게 보내다가 50대 접어들면서 활발하지 못한 성향을 알게 되었다.

내담자는 2회 상담 이후 술을 줄여 보려고 노력하고 있으며, 상담 이후 지난주에는 이틀이나 술을 안 먹게 되었다. 다음 상담 때에는 어머니와의 관계가 어떻게 변화하였으면 좋겠는지에 대해 생각해 볼 것을 과제로 주었다.

제4회기

내담자는 지난 상담이후 8일간 감기 몸살을 심하게 앓게 되었으며, 그로 인하여 술을 안 먹게 되었다. 몸이 많이 아파 술을 먹을 수 없었는데, 앞으로도 술을 안 먹었으면 좋겠다고 했다.

어제는 분리수거를 하려고 베란다에 갔는데 아이들이 맥주 페트병이 없다고 좋아했다고 한다. 평소에 아이들이 아빠가 술 먹는 것을 모르는 줄 알고 있었는데 겉으로 표현은 안했지만 술 먹는 것을 알고 있었던 것 같다고 하였다.

이번 주에도 술을 안 먹어보려고 노력하겠다고 하였다.

상담사: 안녕하세요. 어떻게 지난 한 주 잘 보내셨어요?

내담자: 감기 때문에… 보통 이삼일이면 낫거나 거의 감기는 안 걸리는데… 아유, 완전히 고생했습니다.

상담사: 언제부터?

내담자: 어제부터 조금 나아지기 시작했습니다. 어휴, 그냥 8일간 어휴… 선생님 뵙고 바로 다음날부터… 아, 고생했네요.(하하하.)

상담사: 상담 이후 어제까지… 감기 몸살… 어떻게 상담한 이후로 무언가 변화한 게 있나요?

내담자: 무언가 변하려고 하는데 다시 요요— 똑같은 것 같습니다. 아직…

상담사: 예. 상담이… 특히 심리상담은 변화와 치유를 목적으로 하잖아요. 마치 굴렁쇠가 궁굴어 가듯이 상담의 효과라 하는 것은 처음에 어느 정도 진척이 되면 나은 것 같지만 다시 또 원위치가 되고, 다시 또 돌아가면서 원위치 됐다 돌아가고. 그러지만 일정 시점 되면 저 멀리 목표점에 가 있다는 거예요. 다시 말하자면 상담의 효과는 마치 콩나물 시루에 물을 주면 물이 다 빠지는 것 같지만, 일정시점 되면 콩이 발아되어 콩나물로 쑥 자라는 것을 보게 되지요. 그게 상담의 효과예요. 지난번 상담 이후로 명상에 대해서 이야기 했는데, 어떻게 명상은 해보셨나요.

내담자: 못했습니다. 병치레 하느라고 음… 전혀 신경을 못썼네요. 자면, 자기 전 10분, 깬 후 10분…. 바로 그 전주 선생님을 2번째 만나는 날 이후 해봤는데 뭔가 기분이 좀 좋아진 것 같고, 효과도 있는 것 같고, 그래서 그랬는데… 이번에는 완전히 별 것도 아닌 감긴데 완전히 그냥 올스톱이더라고요. 회사 다니는 것도 겨우겨우 다녔어요.(하하하) 시도를 못해봤네요. 아예…. 낮에는 아예 생각도 안 났었고, 잠자기 전, 깬 후 그것도 잠을 못 자가지고 밤에, 밤에 잠을 못 자니까 안 나은 것 같아요. 잠만 꾸준하게 자면 나을 텐데. 그리고 술도 일주일 동안 못 먹었네요.(하하하.)

상담사: 대단하시네요.

내담자: (웃으면서) 안 먹은 게 아니고 못 먹은 거예요.

상담사: 술을 일주일 간….

내담자: 안 먹은 게 아니고….

상담사: 어찌 됐든지 간에, 술을 먹지 않았다는 거죠.

내담자: 술 생각이 전혀 나지 않았으니까요.

상담사: 아, 그래요.

내담자: (하하) 완전히 올스톱이었어요. 몸이 아프니까 술을 끊게 되네요.(하하하) 그건 자의적인 건 아니니까 몸이 또 좋아지면 생각나겠죠.(크하하하하)

상담사: 어제는 어땠어요?

내담자: 어제는 휴일이었는데… 제가 이틀 일하고 삼사일 쉬는데 5일간 계속 근무했었어요. 어저께 쉬는 날 이어 가지고요.

아주 햇볕을 봐야겠다고 생각해가지고 애들 데리고 가족이랑 뒷동산에 가가지고 걷다가 그리고 왔네요. 처음으로.

상담사: 아, 처음으로요. 음… 가족들이 뭐라 그래요? 같이 걷자하니까.

내담자: 뭐… 주로 와이프가 제가 하는 것에 뭐 반대한다는 의견을 내는 사람이 아니어가지고 무조건… 좋다고 그러죠. 와이프는 좋다고 그러고….

상담사: 아이들은 어때요?

내담자: 애들이 중2, 초등학교 5학년… 자기 친한 친구들하고 시간을 가지려고 하는데 어제는 마침 약속도 없었던 것 같고, 뭐 엄마가 가자고 하니까 같이 '뭐, 오랜만이네.' 그러면서 갔다 왔습니다.

상담사: 혹시 종교는 있어요?

내담자: 가톨릭이었는데… 대학 때 세례도 받고요. 그랬었는데… 아, 결혼도 성당에서 했고요. 그런데… 그 이후에 또 어머니가 교회에 나가자고 그러셔가지고… 한 7-8년간 다니다가… 어머니와 분가도 하고… 좀 벗어나고 싶어가지고요. 어느 날 너무 피곤하고 힘들어서 어머니한테 그냥 안 나가겠다고 선언을 하고 안 나가게 되었어요. 근데 아버님 돌아가신 기일에, 다 제사를 지냈었잖아요. 기독교식으로 예배를 드린다 하셔가지고 그 예배를 제가 주관을 하고 있습니다. 교회는 안 나가지만….

상담사: 가족들은, 현재 살고 있는 아내분이나 아이들은 어때요?

내담자: 와이프는 무조건 제가 하자는 대로 하는 스타일이고, 애들도 의견이 없는 것 같아요(하하하)

상담사: 교회를 나가다가 아빠가 안 나가니까 아이들도 안 나간다는 이야기 인가요.

내담자: 그렇죠. 우리 집이 부평인데 교회를 서울 서초동에 있는 ○○교회를 어머님이 고집해서 가지고 거기에 나갑니다. 근데 가는데만 차로 거의 한 시간 정도 걸리거든요. 제가 안 가겠다고 하니까 뭐, 아예 집사람부터 애들까지 제가 가자 그러면 가고… 별로 의견이 없는 것 같습니다. 가고 싶다. 안가고 싶다. 애들은 아직 종교에 대한 그런… 어떤 관이 서있지 않은 상태이고 와이프야 제가 좋다고 그러면 하자는 대로 하는 스타일이니까요. 너무 의견이 없어서 싫기도 해요. 와이프는 저한테 반대하지 않지만(하하하).

상담사: 보통 일반적인 가정의 경우에 주로 아내가 종교관이 확실해서 남편도 변화를 시키려고 그러고, 아이들도 엄마를 무조건 따라야 된다. 그렇게 많이들 하는데 선생님 같은 경우에는 조금 자유로운 분위기네요. 가정에서.

내담자: 예. 그런 것에 대해서는 뭐 남자랑 여자랑 따로 성장해서 결혼해서 한집에 살게 되면 무언가 일치를 시켜야 되는 부분이 있기도 하고, 아니면 뭐 공존시켜도 되는 부분이 있는데 적어도 애들 키우는 것에 대해서나 집안 종교에 대해서 뭐 의견이 있으면 좋겠는데… 제 와이프는 100%, 그러니까 술 먹는 거. 제가 10년 동안 술 먹어도 뭐라고 가끔

가다가 '그러면 안 좋지 않아?'라는 말을 한 달에 한번 정도 할까 말까 하지 전혀 뭐… 또 뭐 애들에 대한 교육 같은 것도 다른 집 TV 나오는 것 보면 어디를 가서 어디를 가야지 어디를 간다, 이렇게 되는데 그냥 와이프는 와이프 나름대로 성장 과정이 있을 텐데 평화주의자인 것 같아요 (하하하). 제가 워낙에 조금 막 이래야 된다. 저래야 된다. 약간 그런 게 있기 때문에…

상담사: 그래도 아내분이 내조를 잘하시는가 봐요.

내담자: 에, 그렇죠, 반대를 하지 않으니까요.

상담사: 한번 물어보시지 그러셨어요. 내가 하는 일들에 대해서 반대를 안 하는데 내 의견을 맞추어주려고 그러는 거냐, 아니면 반대는 하되 집안의 평화를 위해서 순종을 하는 거냐. 그렇게 물어볼 수도 있지 않을까요?

내담자: 딱 그런 식으로 물어본 것은 아니지만… 너의 생각이 있을 것 아니냐 애들에 대해서, 애들 교육에 대해서, 아니면 뭐 인생방향에 대해서, 아니면 뭐 우리 재정에 대해서… 뭐, 너의 생각이 있어야 되는 거 아니냐, 그런 식으로 말을 했었는데… 그러더라고요. 자기는 사장타입이 아니고 부관타입이다.

상담사: 부관, 부관 스타일

내담자: 그런 말을 하더라고요(하하하). 우문현답이죠, 뭐.

상담사: 어쩌면 가장 현명한 답일 수도 있어요. 아내분이 지혜롭고 현명하기 때문에 어쩌면 그런 답을 하지 않았을까. 어찌 되

었든지 간에 행복한 가정을 이루고자 하는데 가족구성원 모두가 협조가 이루어져야 하거든요. 일반적으로 보았을 때 가족구성원이 4명이다 하면은 4분의 1만, 한 사람이 4분의 1만 주장하는 것이 가장 이상적이에요. 그런데 한 사람이 주관하여 모두가 나를 따르라 해가지고 일방적으로 하면 어떤 집은 폭군식으로, 아예 모두가 목소리를 못 내게끔, 그러니까 가부장적 분위기 속에서 공포분위기를 조성하면서 꽉 눌러버리기 때문에 아이들은 살아남기 위해서, 그 분위기에 적응하기 위해서 그냥 무조건 겉에서는 따르는 척하는 경우도 있거든요. 이런 집은 훗날 반드시 문제가 일어날 수밖에 없어요. 그런데 선생님 같은 경우에는 그런 부분이 아니고 순기능으로 흘러가고 있는 것 같아요.

내담자: 그런데 그 4분의 1이라는 사람이 가장이고 나이도 많고, 힘도 제일 세고, 그런 사람이라고 하면, 훌륭한 머리를 가지고 있고 어떤 방향성이 있고 그렇다 면 어느 방향으로 더 빨리 갈 수도 있겠죠(하하하). 근데 제가 좀 지금 이 나이에 재정적으로 독립도 안 되어 있고, 계속 돈을 벌어야 되고 그런 약간 뒤처진 상황에 있는 것도 경제적으로 돈을 모으고 차근차근하고 뭐 그런 머릿속에 시스템이 잘 안되어 있나 봐요. 그래서 혹시 와이프한테 그런 게 있나, 어떤 집은 와이프가 통장을 거머쥐고 알뜰살뜰하게 하는… 우리 집은 저도 그렇고 와이프도 그렇고…. 저는 제 통장도 그렇고 카드도 두 개씩 다 갖고 있어요. 그리고 아무도 가

계부 그런 것을 안 써요. 그냥(하하하하하). 그렇다고 낭비할 돈도 없거니와 경제적으로 방향성도 없는 것 같고, 애들 교육도 누구나 다 바라는 것이듯이 누구나 최고의 대학을 가가지고 훌륭한 배우자를 만날 환경에 놓였으면 좋겠는데, 그러려면 어떤 어떤 과외를 시켜야 되고 어떤… 뭐 그런 게 다 있는데 그것도 막 머리를 쓰다 보면 머리가 못 따라가는 것 같고. 와이프한테 살짝 이야기해보면 와이프는 전혀 의견이 없고…. 막 그런 생각을 하다가도 아휴. 언제 지구가 망할지도 모르는데 하루하루가 막 큰소리가 옆집 넘어갈 정도…. 그냥 어머니하고 같이 살 때에는 그랬습니다. 어머니가 그런 사람이거든요. 꼭 뭐는 이래야 된다, 뭐는 저래야 한다…. 그러니까 어머니랑 같이 살던 10년간, 10년간은 그랬었죠. 분위기가.

상담사: 자녀들하고 같이 사셨나요?

내담자: 예. 우리 집에… 부평에 2001년부터, 아니 2000년부터 2013년까지 살았죠. 어머니가…. 완전 지옥이었죠. 지옥. 집에 들어가는 것이 너무너무 싫었었는데… 무슨 일이 있었고… 떨어져 살다 같이 사는 것은…. 같이 살다가 연세가 82세가 되셨는데 분가를 하는 게 좀 어려웠죠. 그런데 그렇게 하지 않으면 제가 삶을 유지할 수가 없을 것 같아서 강제로 떼어 놨죠. 어머니도 뭐 교회 근처에 살고 싶다고 하셨고, 서초동 오피스텔에 한 2년 살다가 요번에 목동에 이사를 왔거든요. 거기가 좁으시다고 그러서서. 목동

거기 아파트를 간 지가 두어 달 됐습니다. 하여튼 어머니가 분가를 하고 났더니 마음도 편해지고 일단 어머니에 대한 마음은 안 됐습니다. 안 된 마음은 계속 있는데…. 그래서… 일단 가정의 평화를 찾은 것 같습니다.

상담사: 그래도 13년간 어머님을 모시고 살면서 선생님도 힘들었지만, 선생님이 힘들었다면 아내분도 힘들었을 거고, 그리고 어머님 역시 힘 드셨을 텐데요.

내담자: 그랬겠죠.

상담사: 아내 분은 뭐라고 그래요?

내담자: 뭐, 와이프는 저보다 덜 힘들었던 거 같아요. 그런데 지금 지나고 나서 보니까 와이프 얼굴도 훨씬 밝아졌고요. 애들도 기가 죽어가지고 전혀 아무 말도 안하고 그랬었는데 요새는 대화도 하고 그렇습니다.

상담사: 아이들하고 대화는 자주 나누시나요?

내담자: 그럼요. 어머님하고 있을 때에는 대화를 안 했죠. 전혀… 제가 스스로 집에 들어오면 안방에 문 닫고 들어 가버렸으니까요.

상담사: 아이들은 좀 어때요?

내담자: 편안하죠.

상담사: 공부도 잘하고요?

내담자: 서울대 갈 정도는 아니지만요. 그냥저냥 해요. 놀고 뭐 그런 애들은 아닙니다. 잘합니다. 착한 애들.

상담사: 아내분이 잘 내조하기 때문에 아이들도 그런 것을 잘 본받

아가지고 아빠를 실망시켜드리지 않기 위해서 노력하는가 보죠.

내담자: 그런 것 같기도 해요. 큰애는 TV에 걸 그룹 나오는 노래만 부르고, 작은애는 맨날 게임하는 동영상 보고 그러는데… 가끔가다 책이라도 읽으라고 도서관에 데리고 다니고…. 그냥 그 정도죠.

상담사: 그래도 아이들하고 자주 보내시나 봐요.

내담자: 도서관도 가고, 너무 애들이 억지로…. 큰애는 학원에 박혀서 사는 것 같고, 작은애는 맨날 게임 동영상만 보는 것 같고 해서 토요일, 일요일 정도는 도서관에 데리고 가려고 하는데. 와이프도 뭐 제가 가라고 해야지…. 가끔 토요일, 일요일 근무할 때가 있거든요. 와이프는 제가 가라고 해야 가는데(크~하하하하하).

상담사: 그래도 참 쉽지 않았을 텐데요. 아이들 데리고 도서관을 간다는 것이.

내담자: 우리 애들 어렸을 때는 제가 많이 데리고 다녔었는데요.

상담사: 아이들 입장에서는 아빠가 자상한 아빠네요.

내담자: 그런 것 같습니다. 애들이 자기 친구들 아빠나 뭐 이야기를 듣나보죠. 가끔가다 들었는데 우리아빠는 술만 안 먹으면 최고의 아빠라고 그랬나? 그런 말을 두 번 정도 들었던 거 같습니다. '어…? 애네가 잔 다음에 내가 맨날 술 먹는데, 술 먹는 것을 아는구나(하하하하하).' 했죠. 알더라고요.

상담사: 그 이야기 들었을 때 어때요?

내담자: 노력할게(크~하하하하하).

상담사: 그렇죠. 노력할게. 내가 혼자 머릿속으로 노력할 게가 아니고 가족들에게 '노력할게.', 이렇게 이야기 했다는 것은 '아, 내가 변해야 되겠구나.' 이런 것을 알리는 거거든요. 거기서부터 시작하는 것 같아요.

내담자: 근데 공수표를 하도 날려서 이제 그 말도 조심스럽습니다. 아무튼 말만 잘하고 내일부터 이젠 술 절대 안 마신다든가 서너 번 말을 한 거 같습니다. 근데 그게 안 지켜지더라고요. 안되더라고요.

상담사: 그래도 지난 8일간 어찌 되었든지 간에 몸이 아팠던, 안 아팠던 그걸 떠나서 술을 안 먹었단 말예요. 그러면 즉, 몸이 아픈 것이 먹고 싶은 마음을 눌렀다는 거지요.

내담자: 맞습니다.

상담사: 그래도 일주일간 절주를 했다는 것은 대단한 의지력이죠. 어떤 사람은 아파도 술을 달고 살아요. 선생님 같은 경우에는 그게 아니고, '아, 내 몸이 아프니까 몸을 위해서 알코올을 자제 해야지.', 이렇게 무의식 속에서 움직여져 가지고 술이 안 넘어간다는 거지요.

내담자: 그 사람은 덜 아팠나보죠(하하하하하). 어쨌든 우리 집에서 제가 술을 안 먹으면 변화하는 게, 재활용 쓰레기통이 베란다에 있는데 그게 맥주 캔하고 소주 페트… 아니, 병이 쌓입니다. 일주일이면(하하하하). 어제 재활용 쓰레기 병을 버리는데 병이 하나도 없으니까 애들이 '어? 맥주 페트병이

없네.'

상담사: 그 이야기 들으니 좀 어때요. 아이들한테 "어? 맥주 페트병 이 없네." 이야기 들으니까.

내담자: 아, 끊어… 아, 끊고 싶네요. 정말….

상담사: 끊어야 되겠다고 마음을 먹으면 그것을 자꾸 되새기면 행동으로 옮겨질 수밖에 없어요.

내담자: 완전 안 먹고 싶네요.

상담사: 사고가 우선 바뀌거든요. 계속 되뇌이다 보면 점차 행동이 따라갈 수밖에 없어요. 그러면 결과가 달라진다는 거지요. 아이들이 '페트병이 안 나왔네.' 했을 때 기분이 좋았다는 거지요?

내담자: 아니요.

상담사: 그때 무슨 생각이 들었나요.

내담자: 다음 주 쌓일 건데(크~하하하하하). 약간 지고 들어가는 것 같아요. 패배… 강제로라도 알약을 먹고 안 먹을 수 있는 그러면 좋을 텐데요 그죠….

- 하 략 -

3회 상담 이후 감기 몸살로 8일 동안 어려움을 겪었는데, 이는 성장 과정에서 겪은 어머니와의 부정적 사고에 대해 직면하는 과정에서 몸앓이, 즉 신체화 증상이 나타났다.

내담자는 우울한 성향이 있어서 다음 상담 때까지 평소에 물을 많이 마시고, 자외선이 강한 시간은 피해서 하루에 20분 이상 햇빛을 쐬고, 일주일에 한 번 이상 1~2시간 걷고, 카페인이 들어 있는 음료를 줄이라고 과제를 부여했다.

제 5회 상담

내담자는 상담을 통하여 변하고자 과제를 이행하며 노력하는 모습이 나타났다.

상담 받기 이전에는 매일 페트병 맥주 1,000cc와 소주 1병을 섞어서 마셨는데, 상담이 진행되면서 일주일에 3회만 마시고 양도 3분의 2정도 줄이게 되었다. 표정이 밝아졌으며, 술을 줄이고 마음이 편안해지는 등 조금씩 변하는 자기 모습에 스스로 대견해 하며 뿌듯하다고 표현하였다. 또한 심리적·정신적 안정을 위해 명상에 관심을 표명하였다.

상담사는 명상요법의 자세 중 칠지좌법과 물구나무서기의 이로운 점에 대해 나누고, 바디스캔을 시연하였으며, 화와 분노를 완화하는 방법에 대해 조력하였다.

상담사: 지난 상담 이후 어떻게 지내셨는지요.

내담자: 병치레 하느라고 약을 먹고… 약을 먹고 덕분에 술도 많이 못 먹었고요. 그런데 약 끊어지고 나서는(헤헤헤헤헤)… 또 술을 먹었습니다.

상담사: 그러면 술은 지난주에는 몇 병이나 마신 거예요?

내담자: 세 번 마셨죠. 세 번.

상담사: 세 번… 평소에 일곱 번 마시다가?

내담자: (크~하하하하하).

상담사: 절반 이상 줄었네요. 음, 양은 어때요?

내담자: 좀 적게 마시려고 노력을 하니까요. 평소 마시던 거에 비해 약 3분의 2정도?

상담사: 양도 줄고.

내담자: 조금, 조금…. 예….

상담사: 선생님이 노력하기에 따라서 얼마든지 가능은 하네요.

내담자: 아, 근데 막 힘들더라고요. 이기기가 힘들더라고요. 막 냉장고로 갈까말까 하다가 결국은 가게 되더라고요. 양이라도 좀 줄여 보려고 합니다.

상담사: 그렇죠. 우선 한 병 먹던 것을 3분의 2로 줄인다던지… 그렇게 조금씩, 조금씩 줄이다 보면 시간이 지나면 내가 원하는 목표까지 가지 않을까 그렇게 생각되네요.

내담자: 술…. 술이 몸에 영향을 미쳐 가지고 몸이 못 버리는 상태, 중독. 몸이 중독되는 것 같은데 심리적으로 뭐 그렇겠죠. 일종의 회피, 도피예요. 제가 첫 상담 때에도 말씀드렸듯이 뭔가 도전하고 이겨내고 싸우고… 그런 걸 많이 피하려고 합니다. 그냥 도피의 일종이 아닐까….

상담사: 음, 그렇죠.

내담자: 예….

상담사: 그런데 혈색은 더 좋아지신 거 같아요.

내담자: 그런가요? 여기 상담하는 날을 딱 쉬는 날로 만들어놔서 아침 일찍 깨지도 않고(하하하하하).

상담사: 그러시구나.

내담자: 부끄러운 말씀을 드려도 될까요.

상담사: 아, 예예.

내담자: 음란사진을 봅니다. 어저께 사진 컴퓨터앨범 옛날 어릴 때 사진 뽑아 달라고 해서 보다가 보니까 14년 전에 사진을… 사진이 저장되었던 것이 있더라고요. 그래서 '아니, 십 몇 년 전부터 이런 사진을 봤었구나…' 그리고 보면 술 중독하고 거의 시간이 시작된 시점이 비슷하거든요.

상담사: 음란사진은 매일 봅니까? 아니면….

내담자: 매일 봅니다.

상담사: 매일 봐요?

내담자: 매일 봅니다. 술 먹는 거 하고 똑같이…. 그런데 그것도 그쪽으로 빠지는 거 같아요. 도피…. 나랑 의견이 반대되는 사람이라든지 아니면 나랑 의견이 반대의견이 나오면 뭐, 어머니하고도…. 어머니가 나한테 싫은 소리를 한다든지 내가 싫어하는 상황이 벌어지면 그 '하지 마세요.'라고 한다든지 그래야 되는데… 회사에서도 마찬가지고요. 갈등, 그것을 싫어하는 거 같아요. 도피, 회피하는 거 같습니다. 말을 안 해요. 그리고 혼자 있을 때에는 술을 먹거나 그런 사진을 보고 그랬던 거 같습니다. 십 몇 년 동안 이거….

야, 이게 일종의 병이었구나…. 단순히 한 번 보고 즐기는 그런 게 아니라…. 그런 생각이 들어요.

상담사: 술도 14년 전부터 먹은 것 같고. 그리고 음란사진 역시도 14년 전….

내담자: 그게 어제도 컴퓨터에서 사진을 저장되어있는 것을 보고 '아, 맞아 그때부터 그랬었구나….' 술은 기억이 납니다. 이사를 몇 번 다녔는데, 옛날 주안동 살 때부터 술을 마셨던 거 기억이 나고, 그전에는 친구들 만났을 때만 술을 먹지 혼자서 술 먹고 그러지는 않았거든요. 알코올중독자니 하고 그런 말을 했던 거 같고요. 계산동 살 때부터 혼자 술을 먹었던 거 같아요. 그때가 14년 전 15년 전이니까요.

상담사: 음란사진을 본 것도 그때부터 시작되었나요?

내담자: 그랬던 거 같습니다.

상담사: 그러면 이사를 몇 번 다녔다고 했는데, 마음에 내의지하고 반하는 부분들, 그러니까 하기 싫은 것을 억지로 했다던지, 내 의지에 따라서 한 게 아니고 그런 일들이 있게 된 것인가요. 아니면….

내담자: 이사 가요?

상담사: 이사 시기나 그때 그 상황에, 14년 전 그 전후로 해가지고….

내담자: 그때 주식을 했었는데요. 빨리 부자가 되고 싶었던 거 같아요. 그냥 월급으로만 차곡차곡 차분하게 저축만 했어도 됐는데, 그때 동기들이 아직 있으니까요. 이렇게 부동산

뭐 이렇게 해가지고 노후대책이 된 애가 하나 있거든요. 그 친구는 운도 좋고 공부도 열심히 했겠죠. 부동산 쪽으로. 아니면 뭐…. 그 친구나 저나 뭐 큰 재산 물려받은 것은 아닌 것 같고. 그런데도 그 친구는 어떻게 잘 굴려가지고 조그만 건물을 가지고 있어서 회사월급은 용돈으로 쓰고 그 건물에서 나오는 월세만 해도… 회사를 당장 때려쳐도 문제가 없는 친구가 하나 있습니다. 저도 만약에 그런 그 친구처럼 부동산을 어떻게 해서 안 되었을지도 모르지만. 주식을 하는데 주식이 막 전투적이거든요. 일단 배팅이 되어야 하고 도박하고 똑같이… 완전 도박은 아니겠습니다만. 아무튼 배팅이 들어가야 하고 진퇴, 진퇴, 진퇴해야 되는데, 그리고 그런 서클에도 많이 나갔습니다. 스켈핑 하는 친구들. 스켈핑 하는 친구들은 뭐 하루에도 수천만 원을 벌고 잃고, 벌고 잃고 그러는데 결국 월말에 가면 몇 천 만 원 정도, 아니면 2~3억 정도 버는 친구들이었어요. 전문가들이죠. 저도 옛날 일지를 보니까 하루에 1~2백이 벌었다 말았다, 벌었다 말았다 그랬던 적이 있더라고요. 지금은 그냥 째려만 보고 있고, 그냥 소위 말해서 물려가지고 돈이 팔지도 못하고 그래서…. 십몇 년 전부터 해왔으니까 이거는 들어가면 안 되겠다. 들어가면 안 되겠다. 그런 게 보이는데, 잃었을 때 잘 팔지 못 하는 게 보통 사람들이거든요. 100명이면 구십칠팔 명이 그러거든요. 스켈퍼 친구들이 그런 말을 하거든요. 근데 그걸 알면서도 안 되는 사람들이 있다고. 그런 말을 했는데 제가 그런 사람 축에 들더라고요. 결국에는 그런데… 그 전투상황에서 어떤 때에는 음란사진을 보고 그러더라고요. 이게 말이 안 되는 거거든요. 목숨을 거의… 피 튀기는 전쟁턴데… 어, 그리고 밤에는 술을 먹게 되는데 이게 뭐지…. 이게 도피더라고요. 회피….

상담사: 그러면 음란사진을 볼 때에는 혼자 있을 때 보겠네요?

내담자: 그렇죠.

상담사: 음란사진 외에 동영상 같은 것도 보는가요?

내담자: 가끔 가다 있을 때에는 보게 되지만, 동영상은 잘 안 보게 되더라고요.

의도가 환경을 변화시키는 것이든 행동양식을 변화시키는 것이든 간에 실제적으로 모든 치료에서 발견되는 흔한 역동기제 중의 하나는 고백이다.

환자의 반응양식을 조절하는데 직접적으로 목표를 둔 치료에서 가장 기본적인 사례들은, 이전에는 어느 누구에게도 말할 수 없었던 일에 대한 환자의 고백이 주된 치료도구이다(Alexander, F. & French, T. M, 1946: 134).

내담자는 무의식 속에 자리 잡고 조정하고 있는 대상과 직장에서 오는 직무 스트레스와 퇴직 후 미래의 불안정성에 대한 고통에서 회피하고자 14년 전부터 알코올과 함께 음란물을 접하기 시작하였다. 남들에게 알리고 싶지 않은 비밀이야기를 상담 과정에서 고백한다는 것은 상담사의 신뢰와 자신의 변화를 위한 노력의 과정이다.

상담사: 음란사진을 보게 되면 마음이 어떻든가요.

내담자: 편안하고 만족감이 오고 그러죠(하하하).

상담사: 그럼 남에게 피해를 주게 되나요. 피해를 주지 않게 되나요.

내담자: 남한테야 그런 게 있겠습니까? 그런데 결국은 내가 해야 할 일을 못하게 되고 나이가 들어버렸다는 게 그… 술과 그것이 아니었을까…. 그런 추측이 되서, 결국은 나의 미래, 나의 현재… 남한테야 뭐 그게 피해가 되지 않을 거 같아요. 하지만 나한테 해가 되었으면 우리 가족들한테도 해가 됐겠죠. 지금도 아직까지 준비가 되지 않은 상태…. 근데 제 내면 속의 문제라기보다도 겉으로 드러난 문제이겠죠. 남한테 해가 되지 않으면 문제가 안 되나요?

상담사: 그것은 상황에 따라 다른 문제예요.

내담자: 술 같은 것도… 술 먹고 행패를 부린다거나 주사를 부린다거나 그런 게 없거든요. 혼자 술 마시고 자니까 남한테 문제가 안 되는데 결국은 내 몸을 상하는 것이 내 지금 현재 상태가 원하는 상태가 아니니까…. 내 미래나 내 현재에 영향을 끼쳤다는 내 가족들한테도 나쁜 영향을 준 게 아닐까 싶더라고요. 그런 생각이 드는데요.

상담사: 그러면 나쁜 영향이 준 것 같다, 그러셨는데 주로 아내분하고 아이들한테 영향을 미치게 됐다는 건가요?

내담자: 그러겠죠. 여유 있지 못한… 경제 상태이니까요.

상담사: 아내 분께서 혹시 불만을 표시하던가요? 경제적으로 어렵다든지.

내담자: 그런 표시는 안하는데요. 카톡방 모임, 서른 몇 명 모임이 있는데 제 젊을 때 모임이 아니고 우리 와이프 젊을 때 모임인데요. 거기는 20대 초반 그때부터 하이텔, 천리안 그때 있을 때 레저 활동 하는 모임 그 친구들이 전 세계에 다 퍼져 있습니다. 싱가폴에 있는 친구도 있고, 뉴욕, 캐나다 저쪽, 지금은 돈 벌러 맥시코에 가 있는 친구도 있고… 그런데 이 친구들이, 와이프가 저보다 4살이 적은데 그거보다는 위아래 그 정도이고… 그런데 여자 회원이 반 이상 있는데 거기에서는 결혼한 사람들은 남편들 아니면 부인들이 다 같이 조인해서 모임을 가지더라고요. 그런데 걔네들 경제 상태가… 그러니까 제가 연봉 팔천 되면 그 친구들은 연봉 3~4억 정도 되는 친구들 같고, 그리고 대화하는 것도… 저는 자전거 한 번 사려면 이삼십만 원짜리를 보는데 그 친구들은 보통 저렴한 거라고 하면 이삼백짜리를 사더라고요. 그리고 어디 번개라고 모임을 가끔가다 번쩍하고 모이더라고요. 그것도 어떤 때는 LA에서 모임을 갖고, 어떤 때는 시애틀에서 모임을 갖고, 하와이에서 모임을 갖고 그러더라고요. 와이프한테 가고 싶으면 가라 그랬는데 가서 풍족하게 못 쓰겠죠. 자기 레벨이 틀린데 거의… 차를 사도 이 친구들은 저같이 국내산 차가 아니고 대부분 다 외국산이거든요. 랜들런트하고 스텐트하고… 대화

하는 게 틀립니다. 그 친구들은 어떻게 하면 세를 올리던가 아니면 말 안 들으면　아내지 가만 놔두냐 그런 식으로…. 산에 가다가도, 산에도 같이 갔었는데 대화를 하다 보면 저는 이제 세입자에 상태에서 이야기 하게 되는데, 걔네들 이야기 하는 거 보면 건물주에 이야기더라고요. 와이프가 저한테 집안에 돈이 없다고 컴플레인 하지는 않습니다. 가끔가다 문자로 와이프에게 부자 집에 시집을 갔어야 했는데…. 와이프도 장인어른 살아계셨을 때에는 장인어른이 돈을 많이 버셨죠. 지금은 조그만 건물 하나 장모님한테 물려주고 가서 가지고 장모님 돌아가실 때까지는 세 나오는 거 가지고 사시게끔 그렇게 해놓으시고 돌아가셨죠. 그러니까 상대적으로 그 모임 그 친구들은 전 세계에 다 퍼져있으니까… 카톡이 24시간 돌아갑니다. 저는 그냥 위화감도 들고 열등감도 들어서 그걸 안 보려고 하는데, 어떤 때는 그걸 계속 숫자가 쌓이니까 자꾸 보게 되고 그러는데… 보면 대화가 그러더라고요 근데 그걸 와이프는 매일 읽고 있으니 그럴 거 아닙니까?

상담사: 그걸 아내분이 읽었을 때…. 읽었다는 것이 짐작인가요. 아니면 읽는 것을 봤다는 건가요.

내담자: 와이프는 항상 읽습니다. 거기 보면 맴버들이 거의 활동적이고, 그리고 그 친구들의 특징이 즉석에서 하는 실행주의자들입니다. 많은 사람들이 생각만 하고 실행은 하지 않는데, 그 친구들은 실행주의자 들입니다. 물건 사려면 저 같

이 인터넷에서 싼 것 고르고 그러지 않습니다. 직접 매장 가서 자기가 직접보고 돈을 조금 더 준다 해도 삽니다. 그런데 그 모임 그거는 대화가 거의 액티브 하죠. 카톡을 다 읽습니다.

상담사: 자, 그랬을 때 아내에게 물어보셨나요? 카톡방에 들어가서 내용을 읽었을 때 어떤 생각이 드는가라고 물어보았나요.

내담자: 그런 식으로 물어보지는 않았습니다만, 아까 같이 너는 부자 집에… 애는 후덕하거든요. 너는 부자 집에 맏며느리로 갔어야 되는 건데 우리 집에 와 가지고 내가 고생시키는 것 같다. 겉으로는…. 실제로도 그렇게 말하는지 모르겠지만 차 같은 것은, '차는 이동수단이면 돼.'라는 말을 했거든요. '나가서 먹고, 가끔가다가 뭐 야외한 번 나갈 수 있고, 그럼 되는 거지 뭐.' 이런 말은 하더라고요. 저한테 쪼거나 나는 왜 이렇게 돈을 못 버니 이렇게 그런 말을 한 적은 없는데 그래도 뭐 그렇게 제가 느끼는 거죠.

상담사: 본인의 성격이 내향적인가요. 외향적인가요.

내담자: 저요?

상담사: 예.

내담자: 내향적이었죠. 그런데 대학교 때부터 40살 정도, 그때까지는 굉장히 외향적으로 사람들도 많이 사귀고… 그랬다가 부평에 이사올 때부터, 40살 이후부터는 다시 내향적으로 된 것 같습니다. 집안 꼴을 이렇게 만들어놓고 술 처먹고, 음란사진이나 보고 하니까 자괴감이 드네요.

상담사: 선생님이 방금 집안 꼴을 이렇게 만들고, 음란사진을 보고, 술을 먹으니까 자괴감이 든다. 이렇게 말씀하셨거든요? 자괴감이 든다. 스스로 부끄러워하는 마음이 들고 자신을 낮추게 된다. 이런 이야기 인데⋯. 우선 가족들이 보았을 때, 특히 아내분이나 아이들이 보았을 때, 아빠의 모습은 어떤 모습이고, 남편이라는 모습은 어떤 모습일까요? 아내 입장에서 바라보았을 때⋯. 지금 선생님이 이야기 한 것처럼 집안 꼴을 이렇게 만들었고, 음란사진을 보고, 술이나 먹는 사람이다 이렇게 생각할까요.

내담자: ⋯⋯(침묵10초).

상담자: 자, 그러면 여기서 과제를 하나 내드릴게요. 아내분이나 아이들 하고 가족회의는 해 보셨나요?

내담자: 해 보려고⋯ 주일마다 해 보려고 했었는데 연속되지 못 했습니다.

상담사: 음, 잘되지 않는다. 이런 이야기죠.

내담자: 예⋯.

상담사: 그러면 다음 상담 때까지 한번 가족회의를 자연스럽게 하시면서⋯. 그렇지 않으면 가족들하고 외식은 자주하시나요?

내담자: 한 달에 한번 정도는 하려고 하고 있습니다.

상담사: 아이들하고 아내분하고 같이 외식을 하든지, 아니면 분위기를 조성해 가지고 무엇을 하자가 아니고, 이렇게 같이 했으면 어떨까 해가지고, 함께 동참할 수 있는 분위기를 조

성한 다음에 선생님이 아내에 대한 생각을 이야기 하시고, 아이들에 대한 생각들도 이야기 하고, 그리고 아이들이 아빠를 바라보는 모습은 어떤가? 아내분이 남편을 바라보는 모습은 어떤가? 이런 것도 들어보면 어떨까 싶네요. 그래서 다음 상담 때에는 아이들하고 아내는 나를 이렇게 생각한다고 그거를 이야기 해주시면….

내담자: 얼핏 들은 것도 같은데요. 와이프는 제가 술 먹고, 음란사진 보는 거 전혀 문제 삼지 않습니다.

상담자: 알고 있나요?

내담자: 그럼요. 그런 것 보다보면… 와이프가 '그만 봐.' 하고 장난 식으로 이야기하고 나가죠. 그런데 그걸 문제시 하는 것이 아니고, 술 먹는 것도 가끔 그렇게 술 먹다가는 몸을 망친다고 말을 한 달에 한번 정도 말을 합니다. 그런데 그것 말고 제가 돈을 못 버는 것에 대해서 핀잔을 주는 것이 아니고, '뭔가에 열심히 매달리고 빠져있는 그걸 볼 때가 자기가 멋있어보이더라.'라는 말을 했었고.

상담사: 몰입하고 있을 때.

내담자: 예. 오히려 자괴감을 느끼고 있는 상태, 자학을 하고 있는 그런 것을 싫어하더라고요. 그리고 애들을 자기 친구들 아빠 이야기를 듣나보죠. 근데 우리아빠는 다정하고 보살펴 줄려고 그리고, 자기네 위해서 일을 한다는 것을 알고 있더라고요. 근데 딱 한마디 흠잡으면 술만 안 먹으면 좋을 텐데. 그런 말을… 했어요.

상담사: 가족들하고 대화는 자주하시나요?

내담자: 와이프하고는. 근데 생활하다보니까 진지한 대화는 하지 않게 되고, 가족회의 제가 어릴 때… 가족회의라는 것을 어린 시절에 하고 싶었었거든요. 그래서 가족회의 다시 해 보아야겠네요.

-하 략-

지난 상담 이후 술을 줄이고, 표정이 밝아지고, 혈색도 좋아졌다. 명상을 시연해 보인 후 다음 상담 때까지 하도록 하였다. 내담자는 가족들과의 대화가 없는 것 같다고 하여 다음 상담 때까지 가족회의를 하고, 휴무일에 주변의 공원이나 산책로에서 1~2시간 정도 걷기, 명상하기를 과제로 주었다.

제 6회 상담

내담자는 지난 상담 이후 술을 절반으로 줄였다. 상담을 통하여 변화하고 있는 것 같은데 삶이 뒤죽박죽인 것 같다고 하였다. 상담 받기 이전에는 술을 매일 먹고 새벽 2-3시에 잠이 들어 오전 10-11시에 기상하고 숙취로 머리가 항상 아파 힘들었는데, 상담 후부터는 이런 증세는 사라졌고 생활이 달라지기 시작했다.

어느 날은 저녁 8시에 취침하여 새벽 3-4시에 깨기도 하는 등, 무언가 달라지는 것 같고 생활리듬이 깨어져 일상생활의 변화에 약간 당황스럽다고 하였다.

상담사: 안녕하세요. 어떻게 지난 한 주 잘 보내셨어요?

내담자: 예, 잘 보냈습니다.

상담사: 표정이 밝아진 것 같아요.

내담자: 예(하하하).예.

상담사: 그래, 좀 어떻게 보내셨는지.

내담자: 아… 걷기…. 2시간 내는 것을 일부러 뭘 하려고 하니까 시간이 묘하게 안 되더라고요. 그래서 어제 쉬는 날이라서 강화도를 갔다 왔습니다.

상담사: 아, 예. 강화도….

내담자: 와이프하고 작은애 하고… 큰 녀석은 벌써 중2인데 평일에는 밤11시에 들어오고, 토요일도 그렇고 해서 일요일 좀 데리고 가려고 했더니 일요일에는 학원 애들하고 어울려서 교회를 아침에 간다고 해서…. 걔 기다리다가는 아예 못할 것 같아서 아예 빼놓고 작은애하고 와이프하고만 3시간…. 왕복 3시간 갔다 왔는데, 와이프하고 애가 힘들다, 힘들다 하도 그래서(하하하). 그것도 제가 책임져야 하나 싶어가지고 걔네들 가방을 제가 다가지고 갔다 오는데, 선생님께서 한 두 시간 걸어보라고 해서 걷고 나서, 애를 와이프나 애를 꼭 책임져야 한다는 생각에 힘든 것은 생각할 수도 없고, 책임져 줄 수 없고 가방 매었으면 되는 건데, 그 다음

부터는 계속 애를 신경 쓰느라고 무슨 뭐…. 안되겠더라고
요. 내려올 때는 그냥 계속 신경 안 쓰고 애는 그냥… 애
엄마랑, 와이프랑 뒤에서 과자 먹으면서 내려오라고 그러
고. 조금 빨리 앞서가지고 애들이 말 시키기 전까지 그냥
가만히 말 안하고 걸어내려 온 거죠. 좋더라고요. 어디 갈
때 누구랑… 가족 안 데리고 혼자(하하하) 걷는 게 좋을 것
같아요. 다음엔 혼자… 혼자 그냥 생각하고 쭉 내려왔는
데 괜찮았습니다.

상담사: 강화도 어디 갔다 오신 거예요?

내담자: 고려산. 고려산에 진달래가 많이 피었다고 했는데, 진달래
는 그렇게 많이 피지는 않았습니다. 산도 제가 생각하는
산보다는 훨씬 나지막하고 아주 좋았습니다, 저는(으~하하
하하하). 와이프와 애는 힘들다, 힘들다 그러는데.

상담사: 아이는 뭐라 그러든가요.

내담자: 그렇게 뭐…. 아빠가 가자고 하니까 갔는데 그렇게 뭐 야외
나오니까 좋아하더라고요.

상담사: 그렇죠. 아내분은 또 뭐라 그래요.

내담자: 처음부터 끝까지 힘들다고 그러죠(크~하하하하하~). 오늘 아
침까지 힘들다고 그래요(아~하하하하하~). 아, 운동을 너무
싫어해가지고 뭘 같이 하려고 해도…. 와이프는 뭘 같이하
고 싶어하는데, 운동 같은 것도 같이 하려고 자전거도 같
이 타보고 그랬는데, 운동자체에 거부감이 있는 것 같더라
고요. 근데 같이하는 것을 좋아하기는 합니다. 운동은 자

꾸 힘들다고 그래서 신경 쓰여서….

상담사: 그래도 같이 움직였다는 것이, 무언가 함께 했다는 것이 그게 중요한 것 같아요.

내담자: 같이 하는 것은 좋아하더라고요. 내일 모래도 어디 또 운동 말고, 등산 말고 그냥 관광 가자고 그러더라고요.

상담사: 그러면 이번에는 아내하고 두 분이서만 가게 되는 건가요. 아니면 아이들도?

내담자: 글쎄… 이번에는 큰놈도 함께 조인할 것 같은데요. 학원이 밤11시까지 애를 데리고 있어서…. 학원 원장이 교회… 학원원장의 아버지가 교회를 하는데 방화동에서… 몇몇 아이들 하고 자기아이 포함 그 아이가 우리 큰애랑 동갑입니다. 우리아이가 성격이 좋고 어른들 보기에 예쁨 받는 스타일이어 가지고, 하여튼 공부하는 그룹을 만들어서 완전히 끼고 살려고 그러더라고요. 그래서 딸 하나 잃어버리는 것 아냐… 어저께는 처음으로 원장의 아버지의 교회에 간다고 그러더라고요. 애의 선택이니까 가게는 내버려뒀는데 걱정은 살짝(하하하).

상담사: 걱정이라면 어떤?

내담자: 와이프의 성격을 큰애가 그대로 이어받았는데 다른 사람들한테 맞춰주는 스타일이거든요. 근데 그 원장이 공부 포함해서 자기 아들하고 그룹해서 공부를 시키는데 교회를 간다…. 약간 이건 뭐지? 왜 간다하는 이유를 제가 못 들었거든요. 애가 뭐 갑자기 신심이 생겨서… 어릴 때 5~6년

간 ○○교회를 어머니랑 갔지, 매주 일요일 날 인천에서 ○○교회 강남역까지 매주 일요일 날 한 번도 안 빠지고 갔었거든요. 5~6년간 그러다 저… 질려가지고 그만 다니겠다고 하고 그랬는데 모르겠어요. 왜 개가… 그 얘기를 못 들어가지고 그런지 불안하더라고요. (하하하).

상담사: 그럼 물어보지 그랬어요.

내담자: 아유, 바빠 가지고 얼굴 볼 시간도 없는데…. 가족회의도 그놈이 빠져 가지고 못했습니다. 뭐 제가 근무가 1시부터 밤10시까지 집에 들어오면 12시 되니까…. 작은놈은 자야지 뭐. 초등학교 5학년이니까 자야 그 다음날 학교를 가니까 시간을 가지기가 힘들더라고요.

상담사: 그렇죠.

내담자: 교회를 간다는 그것도 토요일 밤에 들었어요. 아니 뭐 중학생이 되니까 자기만의 스케줄이 생기는 것은 이해를 하는데… 잠자려고 들어가려고 하기에 밤 12시에 문 열고 '야, 일요일인데 늦잠자지 말고 산에 가자.' 그랬더니 교회 간다고 그러더라고요. 그것도 어제 정해진 것이라고 그러더라고요. 하여튼 가족끼리 만나는 시간을 미리 어렌지 하지 않으면 어려울 것 같습니다.

상담사: 그래도 가족회의를 하려고 시도는 했다는 게, 시도를 전혀 안 했던 거하고는 다르거든요. 비록 가족회의는 하지는 못했지만은…. 다음에 할 수도 있는 거고. 내일 모래 가족들하고 여행을 간다고 하셨는데 목적지는 정하셨나요.

내담자: 먼데는 아니고 인천에 꽃이 많이 피어있는 곳이 어디 있다고 하더라고요. 와이프가 알아놓은 데가 있어서 가자 그러더라고요.

- 중 략 -

상담사: 나의 성향이 미해결과제와 연관이 있다는 것은 부정할 수 없는 사실입니다.

내담자: 그 어린 시절 정말 기억도 안 나는 어린시절… 그때 그 제거해야 하는 부분들 찾기가 어렵지 않나요.

상담사: 음, 상담과정 속에서 다 찾을 수 있게 되요. 건드리면 내 의지와 관계없이 올라올 수밖에 없고.

내담자: 최초에 1회 상담 때인가 2회 상담 때 어린 시절 이야기를 좀 했었는데, 그때 그렇게 뜨문뜨문 생각나는 것들 그냥 어린 시절 기억나는 것들이죠. 그리고 그런 것 이외에 굉장히 불쾌했던 거, 기분 나빴던 거, 무서웠던 거 고거… 그런 것들 중 하나가 부모와의 관계가 있는 것이 아니고 엿장수가 있었어요. 엿장수가… 근데 어릴 때인데 초등학교를 들어갔는지 안 들어갔는지 아마 안 들어갔을 때라고 생각하는데… 엿을… 기억이 안 납니다. 정확하게 1원이었는지 2원이었는지. 윗동네에서 아마 1원에 팔았겠죠. '윗동네에서는 1원이었는데…'라고 쪼그만 애가, 구루마 위에 있는 것을 제가 이야기했었나 봐요. 근데 그 엿장수 아저씨

짤거럭거리는 가위를… 그 아저씨가 '싹이 노랗다.'라는 말을 했어요. 무슨 뜻인지 몰랐죠. 기분이 상당히 나빴어요. 무슨 뜻인지 몰랐는데 집에 와서 어머니한테 물어봤죠. '싹이 노랗다는 말이 무슨 말이예요?' 설명을 해줬겠죠. '누가 너한테 그러더니?' 그냥 '아니요.' 그러고 말았는데 아, 혼자 그런 뜻이었구나…. 어릴 때 가장 불쾌한 기억이었던가 보죠. 그리고 지난번에 말씀드렸던 연탄공장 아저씨 따라서 밤늦게 갔다가 와가지고 어머니한테 혼났던 거, 고거 하고 그거는 무서웠던 기억이고, 불쾌했던 기억은 고거네요. 엿장수아저씨가 싹이 노랗다는…. 즐거웠던 기억이야 뭐 이렇게 막 끄집어내면 정말 말하다보면… 이 불쾌했던 기억은 일부러 끄집어 내지 않으려고 그래도 45년 전 아마 기억나는 거 보면 불쾌했던 기억은 고거 하나인 것 같습니다. 그리고 그 이후에는 뭐….

상담사: 사람은 성장과정 속에서 다양한 경험을 하면서 성장을 하게 되요. 그런데 좋은 경험이든 불쾌한 경험이든 그러한 경험들이 무거우면 무거울수록, 즐거움이 크면 클수록 그것이 무의식 속에 차곡차곡 쌓이게 되요. 무의식을 쉽게 예를 들어서 설명하면 막걸리 아시죠.(그림을 그리면서) 막걸리를 보면 아래쪽에 가라앉은 부분이 있죠. 막걸리를 먹으려면 어떻게…,

내담자: 흔들어 먹죠.

상담사: 흔들면 아래 가라앉아 있던 것이 위로 올라오면서 섞이게

되겠죠. 자, 다시 말하자면 위쪽은 의식으로, 아래쪽은 무의식으로 보게 됩니다. 흔드는 조건이 갖추어지게 되면 활성화가 일어나게 됩니다. 그러면 평상시 잊고 있었던, 생각하지 않고 있던 일들이 내 의지와 관계없이 올라오게 됩니다. 그런 경험들 있으신가요.

내담자: 예.

상담사: 이것은 흔드는 조건이 주어졌기 때문에 무의식이 활성화가 되어서 의식 위로 올라오는 거죠. 결국은 내 의도와 관계없이 어떤 주어진 조건하에서 계기가 주어지면 활성화된다는 건데, 예를 들어 TV나 영화에서 병으로 투병생활을 하다가 죽는 장면이 나오게 되면, 내 가까운 사람들 중에서 병으로 고생하다가 죽은 사람이 있으면 평소에는 전혀 생각하지 않다가 그 장면을 보면 나도 모르게 의식 위로 올라오게 되요. 또 다른 예를 들면 길을 가는데 어떤 사람이 아이를 야단치는 모습을 보게 되면 나도 모르게 야단맞는 모습이 위로 올라오게 되죠. 연상상황에 의해서 의식 위로 올라오게 된다는 거지요. 이것은 의식의 작용하고는 전혀 관계없이 이루어진다는 거지요. 의식은 올라오는 것을 원치 않는데 무의식에 가라앉아 있는 것들이 스스로 올라와요. 무거운 경험이 많으면 많을수록, 어두운 그림자가 많으면 많을수록 올라오는 횟수가 많겠죠. 자연스럽게 그렇게 되겠죠. 건들면 툭툭 올라오겠죠. 올라오는 횟수가 많으면 많을수록 잊으려고 노력을 하게 되겠죠. 사람은 성장과정

에서 누구나 미해결과제를 갖게 되고, 상처받은 내면아이도 자리 잡고 있습니다. 이러한 것은 사람에 따라 다르지만 적은 사람도 있고 수없이 많은 사람도 있게 됩니다. 자, 다음 상담 때까지 생각해보시고 떠오르는 부분이 있으며 다음상담 때 다루기로 하죠.

- 하 략 -

표준정신분석에서는 환자에게 억압된 갈등의 성질에 대한 통찰을 갖도록 하는 것이 필요한 정서적인 재조정을 일어나게 하는 가장 효과적인 수단이다.

그러나 표준정신분석은 무의식적인 갈등을 이해하려고 시도하는데 기꺼이 협조하려고 하는 환자에게만 적당한 방법이다. 환자에게 통찰을 가지도록 시도하는 것은 그러한 통찰을 견딜 수 있는 환자에게만 가치가 있다(Alexander, F. & French, T. M, 1946: 127).

내담자는 일상생활의 변화에 약간의 신체화 증상이 나타나는 등 어려움은 있으나 긍정적으로 변화하는 모습에 마음은 편하다고 하였다. 어제(일요일)는 아내와 둘째아이와 함께 강화도 고려산의 진달래 축제에 갔다 왔는데, 아내와 아이가 무척 좋아했다. 그리고 이번 주 공휴일에는 가족들과 꽃구경하려고 한다. 아내가 먼저 제안했으며, 가족 모두 함께할 계획이다.

다음 상담 때까지 미해결과제를 생각해 보고, 명상을 하고, 가족과 꽃구경을 해볼 것을 과제로 주었다.

과제를 점검하고 지난 상담 이후의 변화 과정에 대하여 나누고 지지와 공감 등을 통하여 미해결과제와 당면한 일의 우선순위에 대하여 다루었다.

내담자는 지난 상담 이후 가족들과 두 번 나들이 하였다.

한 번은 꽃을 보러 갔고, 어제는 아라뱃길 생태공원에 갔었다. 전에는 가족들과 함께 보내는 시간이 거의 없었는데 상담 이후 가족들과 함께 보내는 시간이 늘었으며, 아내와 아이들이 좋아하였다.

상담사: 안녕하세요.

내담자: 안녕하세요.

상담사: 어떻게 지난상담이후 잘 지내셨어요?

내담자: 한 주가 어떻게 갔는지 모르겠습니다. 후다닥.

상담사: 아, 한 주가 빨리지나갔다. 그러면 상대적으로 안정된 시간을 보냈다는 건가요.

내담자: 아니, 그 반대요(크~하하하하).

상담사: 그 반대면 안정되지 않았다…. 음? 그런데 오늘 표정은 밝아 보여요. 좋은 일 있으셨어요?

내담자: 아니요. 선생님 만나 뵙고 뭔가 변화가 있고 싶어 하는 마음이 많이 있고… 그리고 몸이… 버릇이… 잘 안 바뀌잖아

요. 음주버릇 같은 것도 뭐 여전히 크게 변한 것도 없고 마음으로는 이번 기회에 뭔가 변화를 하고 싶다 이런 생각이 드는데, 실제로는 변화하는 게 없고 선생님과의 상담에서 도망치고 싶은 그런 마음이 많이 드나 봐요. 어제 밤부터 오늘 아침까지도 선생님한테 말씀드리고 당분간 상담을 중단해볼까 그런 생각을 아침까지 하다가 왔습니다. 도망가고 싶은(하하하), 그런 생각이라 그럴까요. 그런 생각이 많이 들고….

-중략-

사람들은 저마다 습관적으로 행하는 사고·감정·행동패턴이 있는데, 이러한 패턴을 그대로 지속되려는 경향이 있다. 이들을 변화시키려고 할 때 변화에 대한 반대 즉, 저항이 일어나게 된다. 저항은 변화의 걸림돌로 작용하기 때문에 변화를 달성하기 위해서는 저항을 극복하여야 한다(이장호 외, 2008: 197).

상담과정 중에 나타나는 내담자의 저항은 무의식에 자리 잡은 길들여진 사고 틀에 직면할 때 갈등으로 표출되는 과정이다. 이러한 틀은 항상성에 의하여 변치 않고자 하는 성향을 갖고 있다. 상담사는 내담자가 보이는 저항의 의미를 이해하고 해석해 줌으로써 내담자의 변화를 이끌어내야 한다.

상담사: 어떤 점이 마음을 무겁게 하던가요.
내담자: 선생님이 내주시는 과제 같은 것들을 전혀 못했거든요. 선

생님한테 가서 또 무슨 말씀을 드려야 되나, 명상 도구 그런 것들은 다 사놓고 향기 나는 것 그건 와이프하고 한 번 피워보고, 명상이라는 것은 누구와 같이 하는 것이 아니고 혼자 하는 건데 그런 정신적, 마음적 여유가 없었던 것 같아요. 뭐 이래저래 술 안 먹으려고 하루 이틀 버티다가 그 다음날 완전히… 요요현상인가요. 막 폭음을 해버리고 다음날 늦게 깨고….

상담사: 폭음이라고 하면 양이 더 많이 늘어났다는 건가요?

내담자: 술을 먹다보면 술이 술을 먹게 되거든요. 저는 친구들하고 먹는 것도 아니고 혼자 마시는 건데 혼자 마시는데 매일 대충 정해져있습니다. 소주 한 병 하고 맥주 1,000cc 하고 섞어서 먹는데, 그걸 먹고서 더 먹게 되는 거죠. 분명히 소맥 그거를 큰 글라스에 3잔 정도 먹으면 자는 게 아니고 쓰러져 가지고 뭐… 우유주사니 그런 것처럼 쓰러져 자게 되는데, 졸린데도 버티면서 일부러 먹고 그런 거 같아요. 자학이라고 그러나요. 약간 제가 자학 그런 버릇이 있거든요. 아휴, 마시고 죽자 그런 생각이 막 들고… 그것도 뭐 뭔가 자꾸 도피하려고, 회피하려고 그런 버릇이 있는 것 같아요. 무슨 기분 나쁜 일이 있을 때에도 자꾸 스스로한테 잘못된 짓 자학, 그런 걸 하게 되는 것 같아요. 그게 버릇인데, 그게 나쁜 버릇이라는 것을 알고 있으면서도 기분이 나쁘면 뭔가 때려 부순다든지, 남을 두들겨 팬다든지, 남한테 해하는 짓이 더 나을 텐데 어쩌면 그걸 스트레스에

서 벗어날 때는…. 그런데 저는 스스로한테 그런 짓을 해요. 그런 버릇이 있는 것 같습니다.

상담사: 스스로 학대를 한다는 거죠.

내담자: 그런 것 같습니다. 제가 그 처음 만나 뵈었을 때 말씀드렸고 제가 원하는 것이 주식 트레이너로서 성공하는 것이었는데, 어제 그저께인가 책장을 정리하다가 옛날, 아주 옛날 2007년… 거의 한 10년 전 일기장 같은 것, 주식하다보면 일기장에 쓰거든요. 그런데 뭔가를 하나 시작하면 10년이면 뭔가 이루어내야 되는데 뭔가 노하우를 알면서도 그전 단계에서 안 가고 계속 있는 것 같아요. 직장을 먼저 때려 쳐야지…. 만약 10년 전에 때려 쳤으면 어떻게 될지 모르잖아요. 거지꼴이 되어가지고 있을지 아니면 1%밖에 안 되는 성공의 길로 갔을지. 마지막 단계로 올라서야지, 마지막단계에서 올라서지 못하고 뭐 그러고 있는 것 같습니다.

상담사: 음, 그쪽 분야의 전문가들, 그런 사람들에 대해서도 생각을 해보았나요? 주식 트레이너, 그쪽에 아주 잘 아시는 분들.

내담자: 예, 예.

상담사: 그런 분들은 어떻게 생활하던가요.

내담자: 5~6년 전에 그런 모임에 2~3년 동안 나갔었거든요. 그 사람들은 사냥꾼, 사냥개 같은 사람들이에요. 그 모임에 30명 정도 되는데 30명 가운데 반은, 그 모임 나왔던 반 정도는 굉장한 고수들입니다. 생활도 윤택하게하고 완전히

그…. 나머지 반은 그 사람들 밥이죠, 뭐. 먹잇감이죠. 근데 뭐 꼭 그렇게 말할 거는 아니고 불특정다수를 대상으로 싸우는 것이니까…. 그 사람들 중에서 저같이 무슨 직장을 가지고 하는 사람은 못 보았어요. 그것만 해가지고도 충분히 뭐. 근데… 그런… 그걸 이루어 내야지 제가 뭐 고민하는 부분들이 해결될 것 같아요. 근데 정신적으로 그 친구들하고, 그 친구들처럼 절박하지가 않은가보죠. 아니면 그거를 하기에 다른 특별한 캐릭터가 있는 건지. 특별한 캐릭터, 안 되는 캐릭터가 있다고 하는데 제가 가만 보면 안 되는 캐릭터인 것 같기도 하고. 그거 이외에는 방법이 없는데. 저기 이 상황을 벗어나는 길은요. 지금 뭐 다른 공부를 해가지고 다른 일을 갖기에는 이 나이에 한다는 것도 불가능하고 그것 밖에 없는데요.

상담사: 지금도 주식을 계속하고 계시는 거예요?

내담자: 예….

상담사: 그러면, 올 1월부터 4월 현재까지 올해 수익은 좀 어때요?

내담자: 그냥 뭐, 벌지는 못하고 그냥 그러고 있습니다. 근데 결정적으로 제가 오래전에 같이 했던 멤버들은 뭐 주식을 가지고 넘어가는 친구들이 아니에요. 가지고 있어봐야 하루 이틀, 아니면 이삼일, 아니면 그날 매매가 다 끝나고 그날 손실 수익이 확정나는 친구들이죠. 우리나라에서는 그거 밖에 장기투자자를 이길 수 있는 수단이 없으니까요. 그게 맞는 건데, 지금 작년부터 들고 온 주식을 어떻게 할지 용

단을 못 내리고, 팔지를 못하고 있는 것에서 조금조금 움직이다보니까요. 그냥 주식 한다고 볼 수도 없죠. 주식을 한다고 하면 그거를 일단 싹 없는 상태에서 다시 시작을 해야 되는데. 아… 시작을 못한 거네요. 말씀드리다보니 결론이 나오네요. 시작을 못한 거네요.

상담사: 그럼 올해 현상유지로 가지고 있는 것이 크게 마이너스도 플러스도 되지 않은 상태에서 그냥 그렇게 흘러가고 있다는 건가요?

내담자: 예, 이거는 주식을 하고 있지 않다고 보아야겠죠. 그렇죠. 제가.

상담사: 주식을 하고 있지 않다…. 그래도 무언가 하려고 하면 준비과정이 있어야지 되지 않을까요? 준비과정이라는 것은 우선 마음의 준비, 그리고 사고가 바뀌면 행동으로 움직여지잖아요. 행동이 움직여지면 결과가 나타나게 되고 그게 기본적으로 돌아가는 사이클이 아닌가요? 우선 무엇을 해야 되겠다. 목표를 설정을 하고 그 목표를 달성하는데 방법을 어떻게 해야 되겠다. 예를 들어서 바로 들어가는 방법이 있고 돌아서 가는 방법도 있고 다양한 방법이 있겠죠. 그 다음에 목표와 행동이 진행되었으면 거기에 따른 결과는 반드시 나올 수밖에 없다는 거지요. 그런데 선생님 같은 경우에는 주식 트레이너를 지속적으로 하고 있어요. 그런데 올해 상황을 놓고 보았을 때 별로 그렇게 진도가 안 나갔다는 거지요. 그러면 생각에 머물고 있다는 거

지요. 그럼 이 생각을 머물게 하는 것이 과연 무엇인가, 내 행동을 자꾸 가로막고 있는 그 이면의 세계는 무엇이 이것을 가로 막고 있나, 이것 먼저 살펴보아야 되지 않을까

내담자: 왜 안 하게 되죠? 신기하네요. 두려움인가요?

상담사: 두려움, 불안…. 음, 어떠한 일을 벌이게 되면 반드시 결과가 따라 나오겠죠. 어떤 일이 벌어졌다 하면.

내담자: 예.

상담사: 그것은 나의 선택에 의해서 하게 되는 것이고, 누가 강제적으로 하라고 해서 하는 것이 아니고 내 선택에 의해서 그일을 하게 되겠죠. 그러면 선택된 결과 역시 내가 책임을 져야된다는 것. 그것이 흥하든, 안 흥하든…. 자, 이 변화라는 것이 책임에 대한 결과… 원치 않는 결과가 나온다하면 위험이 너무 크기 때문에 그런 것이 아닐까요.

내담자: …(20초 침묵) 그거 아닌 것 같은데요.

상담사: 아닌 것 같아요?

내담자: 물 좀 한잔 주시겠어요?

상담사: 아, 예.

내담자: (물을 마신다)미련… 그런 게 있는 것 같아요. 후회할까봐 두려움. 그런 건가요. 우리나라 주식시장에서 돈 버는 방법은 장기 투자 그런 것으로는 이룰 수가 없거든요. 스켈핑이나 아니면 초단기로 해야 하거든요. 그러려면 제 계좌에 아무것도 없어야 해요. 현금이외에는…. 작년부터 넘어온 주식은 손해 본 것들이 있는데 그걸 팔지를 못해요. 곧

오를 것 같습니다. 5월 중순, 한 15일 이내에 코트를 다 정리를 하고 시작을 해봐야겠네요. 제가 시작을 한다는 말은 코트에 아무것도 없어야 하거든요. 현금밖에 없어야 하거든요. 이거를 지금 만들지 못하는 게… 이게 거의 오를 때가 됐는데…. 그런데 스켈핑 하는 친구들은 그런 것 가리지 않거든요. 당일 날 수익이 안 나면 바로… 지금이 4월… 후회할까봐 두려움인가 보죠. 정리를 해야겠네요. 이제….

- 중 략 -

상담사: 선생님께서는 주식을 올해 움직이지 않았어요. 분명히 원하는 것은 주식 트레이너가 돼서 그쪽 분야에서 성공을 하고 싶은데. 그렇게 내 행동을 가로막고 있는 그 요인이 무엇일까, 그것 먼저 살펴보아야 되지 않을까.

내담자: 거꾸로 다시 돌아가면 처음에 이야기가 다시 돌아가는데요. 아침 8시부터 봐가지고 10시 반까지 보든지, 아니면 스켈핑 하는 애들처럼 하루 종일 보든지 해야 되는데요. 저는 그래도 한 달에 한 15회 정도는 볼 수 있습니다. 오후 근무니까 아침에 10시 반 정도까지, 8시부터 10시 이 두 시간 만 투자하면 되는데요. 한 달에 15회…. 이정도면 스켈핑 하는 애들의 반 정도는 따라갈 수 있는데요. 시간적 여유는 되는데요. 게으름 때문에 그런 거예요. 게으름….

밤에 술 퍼마시고 자고. 준비가 안 되는 거지요. 준비…. 술 먹는 버릇 때문에…. 다음 달 중순까지 기다리죠, 뭐. 안되면 즉시 나오는 거지요. 즉시… 아니면 지금 50%라도 시작해야겠지요. 지금 50%라도 시작하면 되겠네요. 이게 방법이겠네요.

- 중 략 -

상담사: 변화가 필요로 하면 내가 가지고 있는 성향의 변형이 필요하다는 거죠. 쉽게 말해서 다른 트레이너들, 성공한 트레이너들, 그런 사람들을 보면 아까 사냥꾼 같은 사람들이라고 했는데 최소한 그 사람들 근처까지는 가야되지 않을까. 그렇게 하시려면 아침에 일찍 일어나야 되고, 적어도 오전 8시부터 10시 반까지는 주식에 신경을 써야된다고 하니 8시에 움직이려면 최소한 한 시간 정도는 준비과정이 필요하리라고 생각해요. 한 시간 전에는 컴퓨터에 앉아서 오늘을 무엇을 할까 구상도 해야 할 것이고, 그러면 그 이전인 6시에는 일어나가지고 세면도 해야 할 것이고…. 그런데 선생님의 경우에는 습관에 의해서 2~3시쯤 자서 10시나 11시 그때쯤 일어난다고 하는데, 그러면 이미 오전은 계획했던 부분이 그냥 늘 생각으로만 머무르게 된다는 거죠. 일단 내가 어느 정도 변화하는 모습이 나타나야 되요. 이것을 해결하지 않는 한 주식 트레이너가 되겠다고 한 생각은

마음속에서 생각에 머무르는 거예요. 실천이 안 된다는 거죠. 그것은 선생님이 더 잘 알고 있을 거예요.

내담자: (2분 침묵)…….

상담사: 변화하고자 하는 마음은 있나요?

내담자: 생각만….

상담사: 실천이 어렵죠. 큰 것을 변화하기보다도 적은 것부터 한 발, 한발 내딛어야 되요. 아무리 좋은 것도 처음에 조금씩 시작되는 거예요. 요즘 아침에 몇 시에 일어나는 거죠?

내담자: 회사 근무에 맞추어 일어나는 거 같아요. 보통 10시 이후.

상담사: 회사가 중심이네요. 주식 트레이너는?

내담자: 뒷전….

상담사: 뒷전. 그러면 딱 잡혔네요. 주식 트레이너는 생각에 머무르고 있는 거예요. 그러면 내가 왜 이쪽으로 열망하고 있나, 이것도 들여다 볼 필요가 있어요. 그러면 회사 중심적으로 움직인다고 그러는데 보통 퇴근은 몇 시에 하게 되나요?

내담자: 2시 정도에 출근해서 10시 반 정도에 퇴근합니다. 집에 오면 11시 반, 12시 정도 됩니다. 밤12시.

상담사: 밤 12시. 그러면 식사는 집에서 하시나요? 아니….

내담자: 11시 정도에 깨가지고 어영부영 있다가 12시 정도에 점심을 먹고 회사가면 일정 때문에 꼭 5시 정도에 밥을 먹어요. 집에 오면 12시정도 되니까 배가 고프죠. 배가 고프니까 술과 안주를 먹게 되는 거고요.

상담사: 술과 안주를 계속 드셔도 몸에는 큰 이상이 없다고 그랬죠.

내담자: 예, 아직까지.

상담사: 그러면 건강이 뒷받침 해주고 있다는 거예요. 현재 선생님은 좋은 자원을 많이 가지고 있어요. 명상은 심신의 안정을 위해서 필요로 해요. 스트레스를 많이 받는, 정신노동을 하는 사람들이 명상을 선호를 해요. 명상하는 방법도 여러 가지가 있어요. 가장 기본적인 것은 칠지좌법 앉는 자세가 중요하고, 그 방법이 틀이 잡히면 바디스캔이나 몸을 이완시키는 방법을 활용해보세요. 명상을 하면 심신 안정과 스트레스가 해소 되요. 걷기를 한 시간에서 두 시간 정도 걸으시고 햇빛을 20분 정도 쐬되 자외선이 강한 때는 피하시고, 물을 자주 드시고, 카페인 성분의 음료는 피하시고, 건강한 몸과 마음을 만들기 위해서 하는 기초 작업이에요. 무엇을 이루고자 하는 기초 작업인 거죠. 기초가 단단하지 않으면 사상누각(砂上樓閣)에 불과해요.

내담자: 명상은 한 번 하면 몇 분 정도 하는 게 좋습니까? 한번 하게 되면.

상담사: 명상은 내가 하기 쉬운 시간대에 하시면 되고 보통 10분 정도. 10분에서 15분 정도면 좋은데 번민이 많다면 1시간 정도 해도 좋아요. 내 머리를 정화시키고 스트레스를 해소시키기 위해서 명상을 하는 거예요. 익숙해지면 바디스캔을 해도 좋고요.

내담자: 인터넷 유튜브 찾아보니까 그게 있더라고요. 어떤 거는 15

분짜리도 있지만 45분짜리도 있고…. 선생님이 말씀하셨던 것처럼 머리부터 발끝까지 이렇게 이끌어주는 게 있더라고요.

상담사: 우선 몸을 만들기 위해서는 걷기, 햇빛 쐬기, 명상하기, 걸으면서도 명상이 가능해요. 일주일에 한 번 이상 해보시면 좋을 거예요. 오늘 상담은 여기서 마칠게요. 다음 상담은 언제가 좋을지…?

내담자: 다음 상담은… 월요일이 쉬는 날인데 한 주 쉬면 안 될까요?

상담사: 예, 그래요.

내담자: 그 다음주 월요일 뵈면 좋을 것 같습니다.

- 하략 -

내담자는 지난 상담 이후 술을 며칠 안 먹다가 먹으면 폭음을 하게 된다고 하였다. 오랜 시간의 길들여진 생활 습관을 바꾸고자 노력하고 있으나 몸이 안 따라주는 것 같다.

주식 트레이너를 하고 싶은 생각은 있으나 현실성이 결여되어 있다. 이러한 생각은 현실생활에 만족을 못하는데서 기인하고 있으며, 자신을 합리화 하고자 하는 것에 불과하다.

또한 내담자가 가지고 있는 심리적 어려움에 직면화 시켰으며 자각과 통찰이 일어나도록 하였다.

제8회 상담

지난회기 상담 이후 삶의 과정을 살펴보고 변화하고 있는 과정을 다루었다. 내담자는 오전 8시에 전화를 하여 35분 정도 전화 상담을 하였다. 아버지가 30년 전에 돌아가신 후 작은 아버지들과 연락을 안 하고 지냈는데 둘째 작은아버지가 돌아가셨다고 갑자기 연락이 왔으며, 문상을 가야 할지 안 가는 것이 나을지 누나와 장시간 이야기를 나누다가 누나가 상담사에게 전화를 해보라고 해서 전화를 하였다는 것이다.

내담자는 누나와 어머니, 그리고 본인이 함께 만나는 것을 불편해 하였다. 상담사는 참석하여 애도의 시간을 함께 갖는 것이 바람직하다고 조력하였다.

내담자는 오후 3시 35분경에 상담하러 왔으며 문상 갔다 오기를 잘했다고 하였다. 그런데 어머니도 문상에 참석하고 싶다고 하여 함께 갔으며, 세 사람은 돌아오는 길에 자가용 안에서 한 마디도 하지 않고 집에 모셔다 드리고 헤어졌다.

누나는 어머니와 말 몇 마디를 섞었는데 혈압이 오르고 화가 나서 견딜 수 없이 힘들어 하였다고 하였다. 따라서 내담자에게 지지와 격려를 하였으며, 내담자는 스스로 오늘 문상하고 오는 것은 잘한 것 같다고 하였다.

내담자는 명상에 대해 관심이 많으며, 노력하고 있다고 하였다. 또한 술은 예전보다 절반 이하로 적게 마시고 있고, 명상을 통해 자신을 돌아보고 성찰하는 시간이 좋다고 하였다.

상담사: 안녕하세요.

내담자: 예.

상담사: 어떻게 지난상담 이후 잘 지내셨어요?

내담자: 예.

상담사: 어떻게 오늘은 표정이 굉장히 밝으세요.

내담자: (하하하) 아침에 전화까지 드리고…. 아, 선생님 말씀이 맞
았다고 하네요.

상담사: 아, 그래요. 음, 좀 어떠셨어요.

내담자: 누님도 같이 갔고.

상담사: 아, 잘 되셨네요.

어떤 형태의 치료이든, 경험이 많고 직관력 있는 치료자일지라도 환
자가 정서적 갈등에 대한 통찰을 받아들일 수 있는 준비가 됐으며 능
력이 함양됐다는 신호에 항상 기민해야 한다. 다행히 우리가 그것들
을 읽을 줄 알게 될 때, 환자의 행동과 연상은 얼마나 많은 해석을 그
가 허용할 수 있는지에 대한 정확한 지시를 해준다(Alexander, F. &
French, T. M, 1946: 139).

내담자: 어머니가 또 누님이나 제가 싫어하는 그런 모습 보이실까
봐 가시지 말라, 그렇게 말하자 하고 제가 먼저 출발해 누
님 집으로 갔는데… 어머니한테 전화 드렸는데 단호하게
가시겠다고 그러시네요. 하여튼 셋이 같이 갔는데 그렇게

가자고…. 누님한테 전화해서 '어머니가 단호하게 가고 싶다고 하신다.' 그랬더니 누님은 또 펄떡펄떡 뛰죠. '아, 어머니, 엄마랑 같이 차 타고 가는 것 못 견뎌…!' 30분 정도 걸리니까요. 어머니가… 누님이나 저나 자식들이 듣기 싫어하는 말을 계속하시거든요. 했던 말을 또 하고, 또 하고, 또 하고, 또 하고…. 하여튼 뭐 갔다 왔고 돌아가신 분은 둘째 작은아버지신데 그분은 자식으로 딸만 넷이 있었어요. 다들 시집을 잘 가서 처음에 장례식장에 들어가는데 ○○대 법대 동문회 써 있더라고요. 어머님이 그런 말씀하셨어요. 딸들이 다 시집을 잘 가서 사위들이 다 변호사, 뭐 검사더라(허허). 왜 주위에 아는 사람이 법조계 한 사람, 경찰이 한사람, 의사가 한사람 그런 사람이 있으면 삶에 도움이 된다고 하잖아요. 어머니가 만약에 그쪽에 인연을 끊지 않았으면 법조계에 아는… 안 그래도 어렸을 때 가깝게 지냈었는데 그 인연을 다 끊어버린 거죠. 걔네들이 이젠 다 커가지고 잘되어 있으니까, 나는 오히려 이런 상태에 있으니까, 아니 뭐 가까이 있으면 뭐 좋을 거라는 그런 간사한 마음도 들더라고요. 그런데 어머니께서 해놓으신 그런 행동들이 있기 때문에 돌아 앉아 가지고, 거기 도착할 때가 거의 식사 때였습니다. 11시 40분… 12시가 다되어갔는데 그때쯤 보통 같으면 거기서 밥을 먹고, 뭐 이런 저런 이야기하고, 그동안 업데이트를 하고 그런 게 보통 조문인데… 갈 때부터도 가는 것조차도 갈까 말까 누님이랑 저랑 밤새도록 아침까지 했기 때문에(하하하). 가서도 그냥 오래 있지 말자, 조문만 하고 돌아오자 그런 식으로 하고, 어머니 가서 또 무슨 말을 주책바가지 말씀을, 또 그런 말씀을 하고 그럴까봐 '어머니 가서 아무 말씀하지 마세요.' 그런 말까지 하고…. 또 뭐 하여튼 갔다가 물 한잔 먹고서 정말로 그냥 왔습니다.

상담사: 조문하는 장소는 어디였어요?

내담자: ○○○병원입니다. 서울○○○병원.

상담사: 아, ○○○병원.

내담자: 거기 노량진 작은아버지 노량진 작은어머니는 어렸을 때 사십 년 전, 사십 오년 전… 사십 오년 전이죠. 그때처럼 똑같이 반갑게 맞아주고 고맙다 그러셨고, 딸들 네 명 얼굴 다 기억나더라고요. 사위들 소개시켜주는데 뭐…. 그리고 선생님 말씀처럼 통상적으로 그런데 가봐야 한다고 그런 거, 그런 말 한 거 같고요. 일단 그런데 정상적인 조문을 하지 않아서… 갔다 올 때는 3명이 아무 말도 안하고 그냥 왔어요(허허).

상담사: 그래도 함께 움직였다는 게, 문상을 함께 했다는 게, 그리고 대외적으로 바라볼 때 '그래도 이 집에서는 우리 집에 어려운 일이 처했을 때 문상을 왔구나.' 이런 마음은 강하게 심어주었을 거예요.

내담자: 그리고 이른 시간이라 그런지 다른 삼촌들 숙모들은 뵙지 못했고요. 그리고 왔네요. 선생님 말씀, 좋은 말씀 잘 따랐

던 거 같아요.

상담사: 선생님 마음이 그쪽으로 움직여졌기 때문에…. 문상을 만약에 하지 못했을 때에는 마음이 편치 않고 심리적으로 많이 위축되어 있었을 거예요. 마음이 가는 쪽으로 몸이 움직였기 때문에 지금 편하게 웃으면서 이야기 할 수 있지 않았나 싶네요. 그런데 누님도 어머니하고 관계가 안 좋은 모양이예요.

내담자: 누님은 저랑 비슷하거나 더 심하죠. 어머님은… 어머니가 도대체 사람을 못 견디게 만들어 버려요. 나의 어머니인데, 존경스러운 어른은 절대 아니고요. 물론 생활력이 강해서 키웠겠죠. 키워주셨고, 키워주셨다는 것에 대해서는 감사드리지만… 아휴, 그… 저는 오늘 하루를 완전히 버렸죠. 어제 밤… 뭘 아직도 이 나이가 되어가지고 어머니 핑계를 대는지 모르겠지만… 아휴.

상담사: 조금 전에 선생님께서 이 나이에 어머니 핑계 대는지 모르겠다고 하셨는데, 그것은 대다수 사람들이 어머니의 영향에 의해서 움직여질 수밖에 없어요. 이것은 어머님이 돌아가셔도 내 무의식 속에 어머님이 자리잡고 있어가지고 삶에 영향을 미치게 되고, 이것은 선생님이 돌아가시기 전까지는 계속 영향을 미치게 될 거예요. 잊어버릴 만하면 톡톡 튀어오르고, 톡톡 튀어오르고, 내 의지와 관계없이 무의식에서 의식 위로 올라올 거예요.

내담자: 주식을 하다보면 평정심이 제일 중요하거든요?

상담사: 예, 그렇죠.

내담자: 그리고 원래 계획했던 대로 원칙을 정해서 나가야 되는데 하여튼 중간에 어머니한테 전화가 온다든지, 아까 말씀드린 것처럼 어머니 생각이 난다든지… 다 깨져버리는 거예요. 견딜 수가 없어요.

상담사: 그렇죠. 역동이 올라와서 견딜 수 없이 혼란스럽고.

내담자: 우리 누님은 실제로 몸에 안 좋은 일이 일어나가지고 고혈압 보통이 130인가 그러는데요. 누님은 250 막 그렇게 올라가지고 혈압약… 병원에서는 혈압약 먹으라고 큰일 난다고 그래서.

상담사: 신체화 증상이 나타났네요.

내담자: 결국은 어머니로 인해서 약을 먹기 시작한 것 같더라고요.

상담사: 시간이 되면 누님보고 상담을 받아보라고 하세요. 어머님하고 관계가 그렇게 안 좋으면…. 게다가 어머님과 이야기할 때마다, 어머니를 볼 때마다 혈압이 250이상 올라간다고 하면 신체화 증상이 나타나는 거든요. 평상시 가만있다가 어떤 계기가 나타나면 잠재하고 있는 부분이 활성화되는 거예요. 그것은 그 근원을 치유하기 전까지는….

내담자: 치유가 가능해요? 어려울 것 같은데요.

상담사: 치유가 가능합니다. 충분히 가능해요. 제가 지난번에도 누누이 이야기 했을 거예요. 심리 상담에서 단기상담은 변화를 이끌어 내고, 장기상담은 치유를 이끌어 내요.

내담자: (말을 가로채면서) 어머니가 살아 계신데요. 어머니가 살아

계시면서 똑같은 행동을 하세요. 계속 듣기 싫은 말을 똑같이 하고 있는데요. 계속…

상담사: 어머니로부터 혼습된 성향들이 내 무의식 속에 고착화되는데, 이것을 무의식적 가정(無意識的 假定)이라고 해요. 거짓 가(假), 정할 정(定), 무의식 속에 가짜로 정해진 사실들. 그것이 자리 잡고 있어서 이것을 바꾸는 작업이 필요로 한 거예요. 이것을 다루지 않는다면 계속 가지고 갈 수 밖에 없어요. 그리고 어머님도 가능하다면 상담 과정에… 적절한 기회에 한번 나오시면 좋겠어요. 그것을 다루기 위해서는 한두 회기보다는 일정 회기가 필요로 해요. 따라서 이번 상담에서는 거기까지 다루지는 못해요. 이제 상담회기가 얼마 남지 않았으니까…. 그것은 생각을 해보세요. 그리고 누님 역시도 상담을 받아보시라고 하시고요. 그래서 근원적으로 치유가 되어야지, 그러지 않고는, 어머니만 보면 혈압이 250이상 올라간다고 하면 견딜 수 없어요.

내담자: 그래서 지금 누님은 어머니 보는 시간을 최소화 하고 있습니다. 누님 집은 신정동이고, 목동 5분 10분 거리 되나요. 가까운 거리…. 뭐가 없다, 뭐가 필요하다, 그러면 딱 그것만 사드리고 집에도 안 들어가고….

상담사: 그래도 물건은 사다드리네요.

내담자: 그럼요. 그런 건 다하죠. 저도 뭐… 저 지금 어머니가 서초동에 좁다고 그러셔가지고 목동으로 옮기면서, 은행 빚 내가지고 매달 월급에서 마이너스 되요. 한 달 한 달… 매달

100만 원, 이백만 원씩 쌓여가고 있을 겁니다. 해드리는 거죠, 뭐. 아휴, 해드리는 거죠, 뭐.

상담사: 아무튼 선생님 표정에서도 어머님 이야기만 나오면 역동이 일어나는 것 같아요. 그런데 이러한 어려움을 가지고 살아오셨다는 거예요? 이제는 무언가 바꿀 필요가 있지 않을까….

내담자: (말을 가로채며) 어머니가 우리를 때리거나 어떻게 하는 게 아니고 소위 말하는 무척 위선적이고요. 하여튼 간사하다는 표현 그런 거, 허용 그런 거, 하여튼 어휴. 뭐, 말을 할 수 없네요.

상담사: 그럼 누님하고는 연락은 자주 하나요?

내담자: 예. 카카오톡으로 하고 오늘같이 만나기도 하고, 급할 적에는 전화로 하고…. 누님하고 저하고는 동병상련, 뭐 그런 게 있는데 솔직히 말하면 누님도 저하고 남매이기 때문에 그런 것이… 또 누님을 생각하면 그런 것이 어머니라는 사람과 연계되어 있거든요.

상담사: 그렇죠.

내담자: 보고 싶지 않은 거죠. 누님도 제가 남동생이고, 누님은 잘 살지만 저는 그렇지 못하고, 잘 살고 있지 못하기 때문에 계속 도와주려고 하시지만 아마도 저를 생각하면 어머니가 생각나기 때문에 서로가 이런 말은 안했습니다. 이런 말은 안 하지만 서로가 알고 있습니다. 서로가 잘 연락은 안 하고 보름 만에, 한 달 만에 카톡을 할 때도 있고요. 아

마 저하고 똑같은 생각을 하고 있을 거예요. 저도 똑같고. 그걸 못 견디니까 형도 하나 있는데 네 살 위에 형, 두 살 위에 누님. 형은 그 부인이 현명하신 분이죠. 미국으로 이민 가서 살고 있으니까요.

상담사: 그러면 형님하고는 연락은 자주하시고요.

내담자: 뭐, 맨날 하는 일 어쩌고 저쩌고 하면서, 너를 위해 기도하고 있다. 개소리나 하고 있고요. 저는 아예 대답을 안 합니다. 대꾸를…. 그렇게 한 지가 한 10년 정도 된 거 같네요. 뭐, 너를 위해 기도할게. 어머니… 저는 월급 받아 가지고 어머니 용돈을 먼저 드려요. 그냥 월급이 24일이다 그러면 24일에 그냥 빠져나가게 되어 있어요. 자동…. 제가 안 힘들었겠습니까? 그야 저의 형도 힘들었겠죠. 하지만 자기가 힘들어도 용돈을 부쳤어야죠.

상담사: 그렇죠.

내담자: 흥…. 어떤 때는 10만 원 부쳤다가 20만 원 부쳤다가. 자기 힘들면 안 부쳤다가. 그것도 어머니는 돈 모아 가지고 형이나 형수가 왔을 때, 백만 원, 이백만 원, 오백만 원 이런 식으로 형한테 주더라고요. 미친 거 아닙니까? 완전히(하하하하). 그러면서 하나님 믿는다고, 너를 위해 기도한다. 이런 소리나 하고 있고…. 형 소리가 안 나오고요. 물론 그런 것을 다 감수하고 인연을 맺어놨으면 만약 우리 애들이 연수를 간다, 그러면 미국에 아는 형과 형 집이 있을 텐데 도움이 됐겠죠. 아휴, 그런데….(에헤헤) 죄송합니다.

상담사: 아니에요.

내담자: (하하하) 선생님한테 하기도 그러네요.

상담사: 아니요. 이런 이야기를 하려고 상담을 받는 거고, 결국은 이 상담을 통해서 내 삶의 질을 높이고자 하는 거예요. 상담의 최종목적이 내가 사는 사회에 있어서 정신적·심리적 상태를 편안하게 유지하는 거…

내담자: (말을 가로채며) 그러니까 형하고 형수가 예쁘게 보일 수가 없는 거죠. 누나도 형수한테 평판은 안 좋겠지만…. 그 사람이야 뭐 미국에서 떨어져 살고. 어머니한테 극복을 못하겠어요. 핸드폰에, 어머니 핸드폰 번호에 4자가 들어있어요. 빨리 돌아가시라고… 그러면서 겉으로는 할 걸 다 하죠. 이게 자기가 싫으면… 나가 죽으라고 돈도 안 드리고 그냥…

(지면상 적기에 심한 말들이 이어지기에 생략하였다.)

상담사: 지금 생각과 행동이 따로 움직여지죠?

내담자: 그렇죠. 남들 눈 때문에 이짓거리를 하고 있는 거죠. 아휴. 남들 눈도 눈이지만 저를 낳아주고 키워줬으니까요. 그리고 어머니가 저를 사랑한다는 것을 알아요. 근데, 그러면 '그런 말은 좀 하지 말아주세요.' 하면 하지 말아야죠. 당신이 연세가 들어가지고 죽음에 대한 공포가 있는 줄 알고 있습니다. 그런데 끊임없이 '나는 못한다. 나는 못한다. 나

는 못한다. 나는 모른다. 나는 모른다. 나는 모른다.' 그러면서 '치매검사를 받아보아야 한다.' 뭘 하여튼 여쭈어보면 기억력이 저보다 더 좋아요. 다 알아요. 아까도 '어머니 거기 노량진 삼촌 돌아가셨대요. 근데 누나하고 이야기 해보니까 어머니 그냥 편찮으시다고 하고 가시지 마세요. 누나와 나만 갔다 올게요.' 하니까 '아니다. 내가 가야된다.' 그러시는 거예요. '아니 어머니, 지난번에 6개월 전인가 누구 결혼식인가 장례식인가 가 가지고 사람들이 열 몇 사람 다 있는데 막내 삼촌 숙모가 철수(가명)가 박사가 됐다고 합니다.' 그 이야기를 하는데 어머니가 철수가 장가를 갔어 했을 때 순간 제가 철수 결혼식 때 제가 전화 드렸더니 시간 없다고 못 오신다고 그랬어요. 그것도 사람들 다 있는데…. 옛날 갔으면 그런 말도 동서, 형님인가 어려웠을 텐데 지금은 그런 걸 거리낄 나이, 연세의 분들이 아니시죠. 그리고 거짓말이 아니라 사실이니까요. 분명히 어머니 그러셨을 거예요. 그 숙모가 막내 숙모가 그랬다고 사람들 많은데서 '그런 거 기억나세요.'라고 했더니 '기억난다. 그때 기억하기 싫어서 그랬다.' 이게 뭐예요. '그런 인간 같지 않은 거 상대 안 하면 되고… 내가 거기 작은 아버지한테는 가보아야 한다.' 그러고 그러시는 거예요. 단호하게. 그러면서 무슨 치매검사를 한다는 둥, 나는 집에 들어갈 때 집… 아파트 비밀번호가 생각이 안 난다는 둥 끊임없이…. 그거 다 거짓말, 양치기. 누님도 어머니한테 '그러니까 어머니,

모른다, 모른다 하면 양치기 소년이 돼. 엄마가 정말 아플 때 아무도 안 오면 어떻게 하려고 그래.' 누님도 어머니가 걱정되고 그런 말을 하는 거죠. 그런데… 하여튼… 누님도 저도 필요하다는 건 다 해드립니다. 일단 누님은 경제적으로 그렇게 어렵지 않으니까…. 저는 경제적으로 어렵건 말 건 어머니한테 전화 오는 게 싫으니까… 어머니한테 욕지거리를 하든지 두들겨 패든지 해서 저나 와이프에게 전화를 하지 못하게 연락을 하지 못하게 하는 게 원래 제가 바라는 겁니다. 그런데 그렇게 하지 않고 정반대의 행동을 하고 있는 거지요.

상담사: 마음으로는 그렇게 하고 싶지만, 그렇게 생각을 하다가 또 이건 아니지 하면서 죄의식이 생기고 양감감정이 있을 거예요. 그것은 성장과정 속에서 어머니와의 잘못된, 왜곡된 감정이 섞여져 있기 때문에 그런 게 아니겠나…. 이런 감정이, 역동이 올라오게 되고, 그런 과정을 직면화 시켜서 둔감화 작업을 해야 해요. 직면할 때는 역동이 일어나 때로는 견디기 힘들 정도로 아프게 되고, 괴롭게 되요. 때로는 저항이 일어나게 되죠. 무의식에서 받아들이는데 어렵다는 거예요. 그래도 어려운 상황에 직면해서 서서히 둔감화 작업을 통해서 완화시켜야 되요. 그러면서 치유가 되는 거지요.

- 하 략 -

내담자는 어머니와의 관계가 원만치 않은 관계로 어머니와 함께 자리하는 것만으로도 심리적·정서적으로 어려움을 겪고 있다.

내담자에게서 어린 시절 성장과정에서 양가적 애착장애가 나타나고 있다. 마음으로는 어머니를 미워하지만 현실에서는 어머니를 떠나지 못하고 주변부에 있으면서 어머니가 부탁을 하면 다 들어주는 이중적 행동을 취하고 있다.

상담 이후 술을 줄이고 있으며, 오랜 시간의 생활 습관을 바꾸고자 노력하고 있으나 심리적 저항이 나타나고 있다. 생활 습관의 변화를 위하여 걷기와 명상을 지속적으로 하도록 권하였고 이를 통하여 불안정한 마음을 안정시키고 대인관계를 정립하고 생활 습관을 바꾸며, 분노 완화 능력을 배양하도록 한다. 또한 자아기능을 강화시키고 현실적이고 수용적인 태도를 갖도록 조력한다.

제9회 상담

지난 상담 이후 삶의 과정을 살펴보고 심리적·정신적 안정과 어머니와의 관계, 술 등 변화된 사항에 대해 나누었으며, 다음 회기가 종결회기라고 고지하였다.

- 전략 -

상담사: 요즘 술은 좀 어때요?

내담자: 횟수도 많이 줄고….

상담사: 그래요?

내담자: 먹어도 이젠 양도 반 정도로 줄고….

상담사: 아주 좋은 소식이네요.

내담자: 예, 예, 예. 선생님 덕분입니다. 감사드립니다.

상담사: 명상은 좀 어때요?

내담자: 아, 그게… 큰 도움은 되리라고 생각은 하는데 실제로는 한 번도 해보지 못했습니다. 왜냐하면 명상을 해야지 하고 아무도 없는 집에, 없을 때가 있거든요. 오후에 출근하는 날이 있으면 이렇게 명상을 하면 선생님이 지난번 말씀 하셨듯이 내적인 힘을 키운 다음에 내가 하고자 하는 것을 이룰 수 있다 해가지고… 그게 분명히 도움이 될거 라고는 생각은 하는데, 인터넷 찾아봐도 칠지좌법에 대한 방법론이라든가, 아니면 텔레비 보니까 멍 때리기 그런 식으로 명상을 약간 그런 대회 뭐 그런 식으로 하더라고요. 근데 도움이 된다 하는데, 실제로 어떤 거기에 대한 드라이브를 못하겠어요. 그래서 친구들한테도 물어보았더니 뭐 동네에 뭐 뇌 호흡이니, 단전호흡이니 그런 거를 학원을 다녀야 된다. 그런 말을 하더라고요. 그렇게까지 하는 시간은 못 내겠다(하하하). 오늘도 욕심은 나는데 한 번도 시도는 못해봤습니다. 자기 전 하고, 깬 다음에 그것도 명상이라고는 할 거는 아니지만, 그냥 그대로 내가 원하는 모습 그런 거를 마음속에 그리는 것. 고정도….

상담사: 그래도 많이 발전하셨네요.

내담자: 그거를 하려면 학원을 다녀야 하는 건지….

상담사: 굳이 학원까지 다니면서까지는…. 학원이라기보다도 수련원 그런데, 명상을 체계적으로 가르쳐주는 데가 있는데, 마음이 움직이는 대로 내가 그걸 배워야겠다는 생각이 들면 그쪽에 가서 마음 수련을 하는 것도 좋은 방법이지만 내가 그쪽으로 시간을 할애하기가 현재 상태로서는 어렵다하면 일상생활 속에서도 얼마든지 할 수 있는 부분이 많아요. 예를 들어서 길을 걷는다든지, 걸으면서 아무 생각하지 말고 떠오르면 떠오르는 대로 흘려보내고 마음을 편안하게, 나 자신을 성찰하는 나만의 시간을 갖는 것. 길을 걷거나, 대중교통을 이용한다거나… 혼자 보내는 시간이 있을 거잖아요. 그때 해보는 거죠. 수도자들은 묵상이라고도 하고, 자기 자신을 성찰하는 시간을 갖게 되지요. 그리고 가까운 곳에 산책을 한다든지. 산책을 하면서 명상을 하면 집중력도 높아지고, 머리도 맑아지고요. 명상이 주는 효과는 이루 말로 표현할 수 없을 정도로 다양하게 나타나니까, 내가 할 수 있는 범위만큼 조금씩 해보는 게 중요해요. 처음 접근할 때는 쉽게 할 수 있을 만큼 하시면…. 무엇이든지 내 생활에 일부가 되어야 되요. 그것을 통해서 내가 편함을 느껴야 되고, 내 몸이 받아들여야 해요. 그래야 정신이 움직이기 시작해요. 요즘 주식은 어때요?

내담자: 그게… 답보상태에 있는데요. 그게, 제가 조급증 같은 게

있나 봐요. 촐싹댄다고 그럴까… 쉽게쉽게 움직인다든지. 일단 전략을 세우고 그 전략대로 우직하게 나가야 되는 게 있거든요. 가다릴 때 기다릴 줄 알아야 하고 그것이 정신적인 마인드 컨트롤이 되야 되는 부분이…. 그래서 아까 말씀하신 명상이 그 부분을 키워줄 수 있겠구나. 보통사람들 마음이 그렇거든요. 쉽게 막 움직이거든요. 그거를 이길 수 있는 부분이, 고 부분인 것 같아서 고 부분을 해야되겠구나, 지금은 뭐 이렇게 답보상태에 있습니다. 요 단계를 '아, 어떻게 하면 되겠다.' 여러 가지 선생님이 가르쳐주신 것도 있고 뭐 그 문턱을 넘어서기 직전 같은데(하하하), 결과적으로 주식은 답보상태에 있습니다. 제가 궁극적으로 이루고자하는 것이 바로 그것인데 좀 더 기다려야하는 건지, 수련을 하고 해야 되는 건지…. 그저께 밤에, 요새 애들 수행이라는 게 있더라고요. 영어말하기 대회 그런걸 한번 나가보란다고 해서 나가가지고, 중학교 2학년 앤데 큰애가 영어 스크립트를 대충 써가지고 저한테 갖고 왔는데… 작은애도 먼저 한 번 했었고요. 그게 시간이 드는 것이거든요. 그래서 그걸 봐주었어요. 그런데 애가 그걸 외어서 사람들 앞에서 해야 하는데 외우려면 자기가 스크립트를 썼어야 잘 외어지거든요. 그럼 뭐 달달 외우면 되겠지만, 큰놈은 영어 문법을 조금 가르쳐주었는데… 아빠가 못 가르치겠더라고요. 운전 자기 가족 못 가르친다고…. 화가 나는 부분도 있고요. 그날 일요일 날 2시간 정도 같이 하면서, 저는 다음날 뭔가를 준비했어야 하는 시간이었거든요. 마음속으로는 일요일부터 목요일까지 술을 안 먹으려 했는데 대부분 선생님한테 오는 날 두 주 지났나요. 그동안에도 대부분 지켰었는데 일요일이면 한 주를 시작하는 첫 날이거든요. 중요한 날 이었는데… 아휴. 애하고 두 시간 보냈고, 마지막에는 제가 짜증을 내면서 네가 혼자 알아서 외워라, 내보내고서는 저 혼자 또 술을 마셨어요. 두 시간동안 시간을 뽀갤 건 뽀개고, 애한테는 영어 궁극적으로 도움을 줘봐야 뭐 얼마나 도움을 줬겠습니까마는, 오히려 애하고 관계만…. 애는 아빠랑 영어공부를 한다는 것 자체가 또 고역이었을까요? 아예 안 봐줬으며 네 친구랑 알아서 하든지, 학원 선생님하고 하든지, 학교선생님하고 하든지 그래라. 그게 나았을 뻔 했는데, 작은놈도 보름 전에 봐주었는데 성적도 좋게 나오고 그러니까 애 엄마는 이제 또 아빠가 봐주면 누구보다 낫겠거니 그러니까 하라고 그랬나보죠. 그런데 결과적으로 안 좋았습니다. 어제 밤에도 왔는데 그냥 왜왔냐 그랬더니, '아직 못 외웠어.' 그러더라고요. 밤 11시 반인데. 어떻게 하든지 외워야 하는데, 가서 외워라 하고. 그냥 어제 밤에는…. 애들은 사랑하는데, 애들을 못 견디겠더라고요.

상담사: 아이와 함께 있는 게 불편하다는 거지요? 아이를 사랑해야지 하면서 같이 있다 보면, 나도 모르게 화가 올라오게 되고요.

내담자: 공부만 안하면 그런 일이 없습니다. 같이 놀면 뭐 아무 문제없습니다. 공부를 시킨다거나 그럴 적에는… 아휴, 짜증이 나더라고요.

상담사: 목적. 목적을 이루기 위해서 그것이 일정 성과가 안 올라오면 짜증이 난다는 거지요?

내담자: 차라리 영어를 안 봐주는 게 나을 것 같아요. 공부 이야기만 안하면 뭐, 아무 문제없습니다. 텔레비 나오는 걸그룹 좋아하니까. 놀러 다니면서 놀 때는 재미있게 놀고, 공부 이야기를 아예 안 하는 게 나을 것 같아요. 가족 간의 관계가 중요하지 공부 잘해봐야 뭐…. 그렇습니까, 선생님.

상담사: 상황에 따라 다른 것이지, 어떤 하나가 그것이 절대 옳다 그르다 이야기하기는…. 다만 선생님 같은 경우에는 관계를 중요시 여기는데, 아이는 공부를 매개로 해서 아빠랑 관계를 맺으려고 했던 거고….

내담자: 결과적으로는 안 좋게 끝나니까요.

상담사: 그러나 관계를 맺는데 있어서 서로 피드백을 주는 과정에 있어서 역동이 올라오게 되고….

내담자: 충분히 기다려줘야 되고, 애들은 한번 가르쳐 줘야 되는 게 아니고 기다려준다. 기다려준다. 기다려준다. 제가 학원선생이면 참 좋을 것 같아요. 걔네가 배우든, 안 배우든 나랑 상관이 없거든요. 월급은 나오니까. 학원비는 낼 테니까. 한 번 가르쳤는데 배워가지고 나처럼 되면 학원에 갈 필요가 없잖아요. 내가 학원 선생이다, 해야 하는데 이건.

하여간 그 시간에 낼 뭔가를 준비를 했어야 하는 시간이 거든요. 안 그러면 또 3시 막 2시 넘어서, 2시 반까지만 자도 괜찮은데 3시 넘어서 자면 다음 날 피곤해서 집중이 안 되더라고요. 아휴, 풀리지 않네요.

상담사: 아내와의 관계는 좀 어때요?

내담자: 와이프야 뭐… 좋은 건 좋아라 하는 사람이니까.

상담사: 선생님하고 의견대립이나 마찰은 일어나지 않고요?

내담자: 저한테 100%로 맞춰주는 사람이니까요. 결혼 십 몇 년 됐나? 제 성격이 그리 좋은 성격이 아닌데 대부분 맞춰주는 겁니다. 시끄러운 소리가 난 적은 거의 없는 것 같습니다.

상담사: 그런데 아이들하고의 관계 속에서 공부를 가르치려 하다보니까 거기서 관계가 어려워지네요. 관계를 좋게 하려고 했다가 오히려 관계가 악화된다는 이야기 인데…

내담자: 때로는 제가 주식 시작하기 전에… 그게 아니고 직장생활에서 만족하지 못한 얼굴, 사회적으로 성공하지 못했다는 생각이 들기 때문에 주식을 성공하려고 하는 거고, 만약 성공을 했다면, 뭐든지 성공을 해야지 제가 얼굴이라도 애들한테 한 번이라도 더 나가서 보여주려고 할 것 같습니다. 보통 8시 정도에 깨는데, 큰놈은 8시10분에 나가고, 작은놈은 8시 20분에 나가요. 그런데 깨있는데도 불구하고 제 방에서 안 나가거든요. 애들한테 얼굴 보여주기 싫어가지고. 제 찌그러진 얼굴을 보여주는 게 애들한테 좋을 수가 없다. 애들한테 최대한 보이지 않는 게 낫겠다는 생각

을 하니까. 만약에 제가 와이프 컴넷 동우회 애들 정도 수입이 된다면, 일 년에 한 2~3억씩 버는 놈이 된다면 자신 있게 얼굴을 내밀겠죠. 애들한테… 지금 영어 봐주고 그런 건 아까 선생님 말씀하셨듯이 두 개를 다가지고 갈 수는 없을 것 같아요. 이것도 안 되고, 저것도 안 되고 그냥 짜증만 내고…. 그런 바보짓 하는 것보다는 그게 나을 것 같습니다. 일 년에 2~3억….

상담사: 아이하고 공부하느라 2시간을 같이 보냈는데 짜증이라는 역동이 올라왔어요. 분명히 아이를 사랑하는데, 아이를 가르치다 보니까 처음 갖고 있던 의도와 관계없이 화가 막 올라온단 말예요. 이것은 왜 그럴까, 왜 화가 올라올까 생각해 보았나요? 아이를 가르치기 전에는 사랑스러운 아이였어요. 처음에는 아이가 기대감을 가지고 물어보기도 하고. 그런데 아이를 가르치다보니 무언가 마음속 깊은 곳에서 역동이 서서히 올라오기 시작해요. 화가 밀려오고요. 두 시간 지나니까 화가 나고요. 결국은 이 화가 두 시간짜리 화네요. 다시 말하자면 내 안에, 아이한테 화를 내기 위해 참을 수 있는 것이 두 시간이라는 거지요. 그러면 이 화는 왜 갑자기 생겼을까요. 내 안에 화가 잠재해 있다가 표출된 것뿐이에요. 내 안에는 분노, 화 이런 것들이 뭉쳐 있다는 거지요. 아이는 아빠와 관계를 맺으려고 기쁜 마음으로 다가왔어요. 그러지 않고는 보통 아이가 아빠한테 다가오기가 쉽지 않거든요. 어렵게 마음먹고 다가왔는데 아빠

는 두 시간 정도 잘해주다가 화를 내거든요. 얼굴에도 쓰여 있고… 큰소리치며 화를 내야만 화난 것이 아니고, 느낌으로 알잖아요. 보통 아이는 몇 번이나 가르쳐 주나요?

내담자: 일이 년 전인가? 일주일에 두 세 번씩 영어를 가르쳐주었어요. 문법책을 한 권 다 떼려다가 다 못 떼고 반 권 정도 뗐죠. 학원이 정해지고 시간도 안 맞고 그래서 학원선생에게 맡겨버렸어요. 그런데 그때 가르쳤던 것이 완전히 머릿속에 없는 것 같고, 지금은 뭐… 매일 밤 11시 반이나 12시에 오는데…. 제 욕심에 안차는 모양이더라고요. 두 달이면 조그만 영어 책 한 권 다 떼고, 그 두 달 정도면 영어 만드는 거 할 텐데, 이삼 년, 아니 일이 년 되었을 것인데 머릿속에 전혀 없는 것 같고요. 공부에 대한 욕심도 없는 것 같고, 걸그룹이나 좋아하는 거…. 제 욕심에 안 차는 것 같죠. 남의 자식이면 전혀 뭐…. 제 자식이니까 뭐 그리 화가 나는 모양이에요. 성에 안 차니까.

상담사: 화가 난다는 것은 화가 내 안에 잠재해 있기 때문에 화를 내는 거예요. 화를 분노를 경험하지 않은 사람들은 화나 분노를 느낄 수가 없겠죠. 경험에 의해서 무의식에 고착화 되어 있다가 그것이 조건이 활성화되어 언제든지 표출 된다는 거지요. 그러면 그 조건이 주어지는 것이 화의 인자가 들어오고 발아하기 위해서는 언제 어떤 경험을 했었나, 그것을 먼저 해결하기 전까지는 화는 지속적으로 날 수 밖에 없어요. 결국은 성장과정 속에서 충족하지 못했던 미해

결된 부분들이 자리 잡고 있지 않을까….

- 하략 -

내담자는 지난 상담 이후 명상과 절주를 통하여 삶의 질을 향상시키고자 노력하였다. 내담자는 무의식 안에 화와 분노가 내재되어 있으며, 아이가 영어 경시대회가 있어서 배움을 청하자 영어를 가르쳐 주다가 2시간 만에 화가 올라와 그만두게 되었다. 또한 어머니와의 관계도 개선하고 싶으나 현실적으로 어렵다고 하였다.

따라서 다음 상담에는 관계개선에 대해 초점을 맞추고자 한다. 내담자는 명상에 대해 관심이 많으며, 노력하고 있고, 술은 일주일에 3일 밖에 안마시고 양도 절반 이하로 줄었다.

다음 상담이 마지막 상담이라고 고지하였다.

제10회 상담

상담사: 벌써 10회 마지막 상담이네요. 오늘 종결이고.

내담자: 예….

상담사: 그동안 좀 어떠셨어요?

내담자: 지난 시간에 묻고 싶은 것 있으면 다 적어오라고 해서요.

상담사: 아, 예, 궁금하거나 의문사항이 있으면 다 물어보셔도 괜찮아요.

내담자: 뭔가 선생님하고 상담을 시작하면서 자극을 받고 새로이 시작하는 그런 것이든, 자꾸 목표했던 거를 까먹고 다시 돌아가더라고요. 뭔가 자꾸 드라이브 시킬 수 있는 뭔가가 없을까요? 밤만 되면 저절로 술 찾게 되서 그랬던 거 그것도… 한동안은 술 먹고 싶은 마음이 없더라고요. 술 생각도 안 났고. 아, 내가 이거를 이루어야 모든 것에서 벗어날 수 있다는 그런 생각을 하게 되니까 그랬었는데, 쉽게 잊어버려지더라고요. 쉽게인지 뭔지 하여튼. 근데 막 어떤 내가 이런 주식형 인간에서 경제적으로 어느 정도 탈피가 된다면 모든 것이 이루어지고 해결책은 그것 하나뿐이다, 그 생각이 들고 하니까 거기서 뭘 어떻게 해보려고 막 그… 그랬었는데 또다시 그 목표를 그냥 흐지부지 잊어버리고, 밤 되니까 저절로 냉장고로 가서 술을 찾게 되니까 그쪽으로 돌아가게 되거든요. 그만큼 다급하지 않다는 건지, 뭘 거, 어떻게 유지시킬 수 있는 건지 작심삼일이면 삼일마다 계획을 세우면 되는 건지 도대체 모르겠습니다(하하하).

상담사: 그렇죠. 그리고 다른 것은?

내담자: 지난번에 제가 화를 갖고 있다고, 내재되어 있기 때문에 일정 조건만 되면 표출된다고, 그런 말씀을 하셨거든요. 그러면 그 속에 있는 화를 어떻게 떼어서 버리나요.

상담사: 그리고요?

내담자: 그리고 계속 저에 대해 부정적인… 부정적으로 생각하는 버릇이 있어요. 저는 그냥 자존감이 떨어진 것 같습니다.

떨어져 있는 게 아니고 그렇게 생각하는 버릇이 있는 것 같아요. 제가 예전에 우리 회사에서 총무부, 인사부에 있었던 적이 있었는데 저는 자연스럽게 총무부, 인사부는 직원들을 위해서 일하는 곳이다. 직원들에 요구를 들어주는 서번트다. 노예다. 직원들을 위해서 일하는 사람이다. 그런 식으로 말을 하고 다니고 그런 식으로 행동을 했었거든요. 그래서 내 후임이 일하는 애가 왔는데, 나보다 한 열 살 정도 어리던가. 그렇게 어린 녀석인데 그놈은 그 자리에 있는 것이 자기를 통하지 않고는 우리 회사에서 복지혜택이나 그런 것을 얻어낼 수 없다. 저랑 똑같은 일을 하는데 나는 직원들의 노예라 생각하고, 걔는 직원 위에 군림하는 특권을 가진 상벌을 주는 사람… 똑같은 자리였어요. 매니저분도 아니고 매니저 분은 위에 계시고 그 밑에서 일을 하는데 회사 직원이 100명 정도 밖에 없습니다. 그러니까 모든 일을 다 하죠. 똑같은 일을 하는데 저는 직원들 시다바리 하는 거지 뭐, 그놈은 오자마자 '나한테 잘 안보이면 되는 것도 안 되고, 안 되는 것도 안 되고 그래.' 그러더니 결국은 다른 회사로 갈 때 그 경력으로 해서 더 좋은 연봉을 받고 회사를 이직을 했어요. 이게 벌써 15년 전 일이던가. 그때 기억이 나네요. 내가 하는 모든 일은 다 나 때문에 일어난 일인데요. 나쁘게 생각하는 버릇이 있는 것 같아요. 부정적으로 생각하는 거, 거 어떻게 좀… 분명 생각하는 것에서 차이가 나는 거거든요. 그것 좀 고치고 싶습니다.

상담사: 예, 그리고 또?

내담자: 그거 세 가지네요.

상담사: 아, 그 세 가지요. 음… 항상 저녁마다 술을 먹지 말아야 되는데 어느새 술을 찾게 되고, 그것은 항상성 원리에 의해서 쉽게 변하지 않으려는 성향이거든요. 그러다 보니 바꾸려하면 나의 가치관이 변화가 와야 되요.

내담자: 예….

상담사: 가치관의 변화에 대해서는 몇 회기 전에 이야기 했던 부분이 있을 거예요. 가치관이 변화하려는 기존의 생활패턴에 새로운 자극이나, 계기, 동기가 부여되고, 행동의 변화를 이끌어 내야 되는데….

내담자: 예….

상담사: 예를 들어서 전에 TV에서 담배 금연홍보를 하는데 폐암 2갑 주세요. 후두암 1갑 주세요. 이런 혐오감을 주는, 보기 싫을 정도의 화면을 보여줘요. 예를 들면, 어떤 사람이 건강검진을 받았는데 의사가 금연을 권하게 되었어요. 이 사람은 담배를 하루에 한두 갑피고 있는데, 20년 이상 피다 보니 몸이 점차 안 좋아져요. 병원을 찾아가겠죠. 병원에서는 더 이상 담배를 피면 안 된다고 이야기를 하겠죠. 병원에 입원해 치료받는데 자신의 폐 사진을 보여주면서 폐암 말기라고 하면 더 이상 피우지 못하겠죠. 강심장이 아니라면. 이 사람이 폐암 말기가 되기 전에 의사의 충고를 듣고 사고의 전환을 가져와서 금연을 했다면 지금의 고통

은 피해갈 수도 있었을 텐데요…. 오래된 습관을 혼자 바꾸기는 어려워요. 그것이 편하거든요. 따라서 습관을 바꾸기 위해서는 상담사와 같이 상담을 통해서 변화를 이끌어내야 해요.

내담자: 예. 저도 술로 인해 생활이 지장을 받고 있고…. 끊도록 하든지 더 줄이도록 하겠습니다.

상담사: 다음은 화, 화가 내재되어 있다고 했는데 화를 한 번에 들어내서 없어버리면 좋겠죠.

내담자: 예….

상담사: 그 화는 하루 이틀 만에 형성된 것이 아니고 오랜 시간동안 내 속에 잠재되어 있는 거예요. 이는 술이나 담배처럼 한 번에 끊을 수는 없는 거예요. 치유를 위해서는 일정시간이 필요로 해요. 그 화는 성장기에…. 어린 시절 나한테 중요한 사람에게 인정과 사랑을 받기 위해서 노력을 했지만 인정을 받지 못했어요. 인정을 받으려고 노력을 더하지만 번번이 인정을 못 받게 되고, 이러한 일들을 점차 쌓이면서 인정받고자 하는 마음이 화로, 분노로 변하고 표출하게 되는 거지요. 분노가 안으로 내재되면 우울성향이라든지, 부정적 사고라든지, 피해의식 그러한 것들이 쌓이게 됩니다. 결국은 모든 것이 경험에 의해서 재활성화 되는 거지요. 이는 회전판원리에 의해서 한 번 경험한 일들은 그냥 사라지는 것이 아니라 무의식에 잠재되어 있다가 연상상황에 의해 표출될 수밖에 없어요.

내담자: 저는 그냥 이렇게 살아야 되는 거네요.

상담사: 그것을 치유하기 위해서 상담을 받는 거고, 지금은 처음 상담할 때에 비해서 많이 좋아졌어요.

내담자: 어머니가 뭐… 어렸을 때 저를 때린 적이… 때리셨겠죠. 그런데 여느 집 애들도 다 그랬을 거 같고. 맞은 기억도 별로 안 나는데요. 뭐 지난번에 한 번 연탄가게 아저씨 따라갔다가 윗동네 가서 어두워진 다음에도 안 들어 와가지고 그 때 발가벗겨 가지고… 옷을 다 벗겨 가지고 밖으로 나가라고 그러더라고요. 문밖에 숨어 있다가 어떻게 들어왔나, 뭐 문 열어 주어서 들어왔나… 그게 제일 혼난 것 같고 그 이외에는 뭐, 종아리를 맞았어도 아버지한테 몇 대 맞았던 거 기억나고… 그렇게 폭력적인 거는 없었던 거 같은데요.

상담사: 폭력… 폭력이 매를 들고 때려야 폭력일까요?

내담자: 어머니가 저한테 요구를 하면서 나쁜 말을 한 것은 시종내기란 말이 있습니다.

상담사: 시종내기…

내담자: 시종내기. 어머니가 어머니 나름대로 시집살이를 심하게 하셨다가 그… 문경에서, 문경이 어머니 고향이었는데 나중에 이야기 들어보니까 한 일 년인가, 삼 년인가, 길어야 고 정도도 안 하셨던 거 같아요. 그리고 서울로 올라오셨던 거 같아요. 그런데 시어머니, 저의 할머니죠. 할머니가 단칸방, 문칸방에서 사는데 와가지고 뭐, 문칸방에 아버지와 어머니 우리 2남 1녀가 살았겠죠. 단칸방에서… 거기

에 할머니가 와 가지고 그랬다. 힘드셨으니까 그랬겠죠. 그랬던 일. 그러면서 뭐 '시가, 시댁사람들하고는 절대 연락도 하지 말고 살아라.' 하고 그때 이후로 그런 말을 많이 하셨어요. 그런데 우리 아버님이 9남매 중에 장남이었기 때문에 우리 집에 제사를 지낼 수밖에 없었었는데, 문칸방에 있을 때는 제가 너무 어려서 그런지 모르겠는데 기억이 안 나고 아버지가 돈을 많이 벌어서 청주로 이사 했는데, 집을 사가지고 지어가지고 갔는데, 집이 좀 넓어지니까 얼마 전 돌아가신 작은아버지, 삼촌들하고 자식들하고… 우리 집에서 제사 음식하고 꼭 뭐 조카들 비슷한 애들이겠죠. 놀러왔던 거 기억이 나는데 근데 어머니가 화가 나면… 저하고 누나와 자기 자식들한테 하는 가장 심한 욕이 시종내기였어요. 시종내기. 시가에 씨를 받은 연놈들이다.

상담사: 아, 시가에 씨를 받은….

내담자: 그거는 제가 설명한 거고, 저주하는 말로 시종내기란 단어를 썼습니다.

상담사: 시종내기.

내담자: 시종내기. 그게 어머니가 한 큰 욕이겠죠. 우리한테 저주를 담은 욕이었으니까요. 그런 정도…. 그런데 나중에 알고 보니까 우리 와이프의 어머니, 그러니까 장모님이시죠. 그분은 16년간을 시어머니를 모셨다는 장모님이야기 들으니까 우리 어머니의 그 1년인가 3년인가 되는 그 시집살이는 아무것도 아니더라고요. 병원도 못 가게하고, 어디 아파서

약이라도 먹으려고 하면 남편 등 꼴 빼먹을 년이라고 하고, 밥도 많이 먹으면 밥 많이 먹는다고 하고, 어디도 못 가게 해가지고, 장인어른이 병원 갈 일 있으면 회사에 일이 있으니까 어디로 몇 시까지 나와. 근데 노모 계신데 막 겨우 병원이나 한번 갔다 오고 그랬다고 16년간이나 하고 그러셨더라고요. 장모님이 그런데 그걸 다 참고 돌아가실 때까지 끝까지 다 견디셨더라고요. 거기에 비하니까 우리 어머니는 정말 시집살이 한 것도 아닌데 그렇게 시집, 시댁을 미워했었고, 저의 아버지 돌아가시고, 당신 남편 돌아가자마자 우리 집에 이젠 절에 안 다니고, 절 다니지도 않았지만 교회 나간다. 교회 나가니까 제사 안 지낸다 하면서 어느 한 순간 제사를 안 지내기 시작했어요. 그래서 삼촌들도 우리 집에 안 오고 그런 식으로 됐죠. 뭐 그런 와중에 끊고 살면 끊고 사는 건데, 갑자기 뭐 문상 가는 것도 그렇게 제가 죄 지은 것도 아닌데 우리 누나가 죄 지은 것도 아닌데 연락을 받았으니까 안 갈 수 없는 것이고 문상을 갔다 왔었죠. 그거 이외에는 어머니가 우리한테…. 근데 솔직히 어머니가 인간적으로는 누가 보더라도 존경스러운 분은 아니세요. 나의 어머니이니까 그냥 뭐. 근데 세상 사람들이 훌륭한 사람들만 부모로 모시고 있는 건 아니니까 그냥 뭐. 근데 그 피가, 어머니의 피가 그대로, 어머니의 피가 나죠. 바로 나죠 뭐. 어머니가 나죠. 그리고 가끔가다 내 속에서 어머니의, 제가 싫어하는 혐오하는 성격이 그대로 드러나 있고 표출되는 거를 보면 그때마다 제가 몸서리치게 싫더라고요. 그래서 나도 싫어하는 어머니의 성격, 성품을 그대로 내가 뿜어내고 있을 텐데 이런 더러운 모습을 내가 사랑하는 애새끼들한테 보이면 안 되겠다 싶어가지고 될 수 있으면 애들한테 안 나타날려고 그랬던 거거든요. 아침에 깨있으면서도 안 나가고, 애들이 학교 갈 때까지 방에 처박혀 있죠. 이런 정도가 어머니한테 받은 폭력인가요. 요런 정도가 제가 화를 품고 있는 건가요?

상담사: 예. 화도 지금 많이 품고 있죠. 마음 속의 분노, 충족하지 못한 욕구 그러한 것들이 내재되어 있다 보니까 평상시에는 마음 편하게 살아가다가도 어머니만 생각하면 역동이 올라오고 있고요. 어머니만 생각하면 부정적인 사고가 연속적으로 일어나고 있다는 거죠. 그로 인해서 나타나는 여러 가지 모습들이 다양하게 표출되어 있고 특히….

내담자: (말을 가로채며) 그냥 이렇게 밖에 살 수 없는 거죠. 그 피가 여기 속에 있는데요 뭐. 이 속에 내재되어 있고 50년 동안 쌓여온 항상성이 그렇게 있듯이 나머지 50년도 그러겠죠.

- 중략 -

내담자: 회사에서도 원치 않는 것을 확실히 이야기해야 하는데 그 것을 잘 말을 안 하는… 그게 성격인가요. 버릇이더라고요. 애들이 정말 내가 원하지 않는 거를… 정말 내가 원하

는 것이 뭔지 정확히 모르니까 내 후배 아이들도 나한테 싫어하는 짓을 하고. 뭐 그렇게 되는 거겠죠. 원하지 않는 것은 확실히 이야기 하는 게 낫죠. 그런 걸 보더라도 근데 어릴 때부터 갖게 되었던 거 같아요.

상담사: 어린 시절 성장과정에 어머니와의 관계에서 내 욕구충족 을 위해서 원하는 것을 해달라고 했어야 함에도 불구하고 계속 거절당하니까, 그것을 하지 못하게 하는 분위기 때문 에 하지 못했다는 것이거든요. 그러면 무엇이 분위기를 그 렇게 만들었을까. 그것은 여러 가지 이유가 있겠죠.

-하략-

종결회기로 상담 받기 전과 상담 후 변화된 모습을 살펴보고, 지지 와 격려를 하며 종결했다. 내담자는 상담을 통하여 많은 것을 느꼈다 고 하였다. 상담을 받을 때에는 몰랐는데 상담회수가 지나면서 술도 줄이게 되고 생활도 많이 개선되었다.

자각과 통찰을 통하여 자아기능을 강화 시켰으며, 현실을 직시하고 수용하기 시작하였다. 마음의 여유를 갖기 시작하였으며, 절주와 분 노를 조절하는 등 성숙한 삶과 가족과 함께 여가를 즐기는 일상생활 의 변화가 나타났다.

마음속에 내재하고 있는 화와 분노가 많이 줄었으며, 어머니와의 관계도 개선하고 노력을 하겠다고 하였다.

5. 상담에 대한 평가

1) 상담의 효과

내담자는 상담초기에는 자신의 틀 안에 스스로를 가두고 문제의 원인을 외부에서 찾았으나, 상담 후 자신의 문제 해결을 위해 스스로 대안을 찾기 시작하였으며 자신을 돌아보고 주변을 돌아보는 여유를 갖게 되었다.

가족들과 함께 즐거운 시간을 보내고, 직장 내 업무 중에서도 스트레스를 덜 받고 피해의식이 나타나지 않았으며, 심리적·정신적 안정을 위해 명상과 걷기를 지속적으로 하고 있는 등 생활의 변화가 나타났다.

2) 내담자의 상담효과

내담자는 상담 전에는 매일 같이 1,000cc 페트병 맥주와 소주 1병을 마셨으며, 음란물을 보며 지냈다.

사회적으로 성공한 사람들이나 직장 동료와 보며 피해의식을 느끼고, 이에 대한 대안으로 주식 트레이너로 성공하여 부자가 되겠다고 했지만 상상 속에 주식 트레이너를 하고 있다.

현재의 어려움은 어머니 탓으로 돌리는 미성숙한 태도를 나타내고 자신의 행동을 합리화 하였다.

상담 후 내담자는 술의 양을 상담 전에 비해 절반 정도 줄이게 되었으며, 음란물을 보지 않게 되었고, 화와 분노도 많은 부분 줄어들었다. 피해의식 역시 줄었으며, 자아존중감이 높아졌다. 현실을 직시하고 우선순위에 의해 일처리를 하며, 가족들과 함께 시간을 보내고, 전경에서 벗어나 배경을 살펴보는 삶의 여유를 찾게 되었다.

3) 상담사의 자기 평가

내담자는 어머니에 대한 분노와 화, 낮은 자존감, 피해의식, 알코올 의존, 음란사진 몰입 등 자신의 행동에 대한 합리화를 시키는 미성숙한 행동을 나타내었다. 또한 내담자는 여러 상담기관을 다녔으며, 자신의 문제를 해결하고자 노력하고 있었다.

상담사는 10회 상담 회기를 구조화 시켜 회기별 목표를 가지고 상담에 임하였으며 내담자의 변화를 위하여 노력하였다. 내담자의 자아 기능을 강화시키고, 현실적이고 수용적인 태도를 갖도록 상담의 초점을 맞추었다.

또한 불안정한 마음을 안정시키고 대인관계를 정립하였으며 생활습관이 바뀌었고 삶의 질이 향상되었다.

단기 상담에도 불구하고 긍정적 변화를 이끌어 내게 되어 상담사로서 보람을 느낀다.

4) 함께 생각해 볼 과제

인간의 심리내부에는 자기와 대상이 함께 공존하는 영역이 있다. 이 영역을 우리는 이미지 세계라고 부른다. 그러나 이 세계를 표상의 세계라고 부르기도 하고 무의식의 세계라고도 한다. 이렇게 부르는 심리영역은 의식의 범주를 벗어난 곳, 그래서 의식에 의해 인식이 불가능한 넓고 깊은 암흑지대로서 완전히 탐색이 불가능한 곳이다.

무의식의 세계에서 자기(self)라고 칭하는 한 사람의 독특한 심리적 조직이 형성된다. 정체성, 이미지, 성격 또는 특성이라고 말하는 한 사람의 정신이 만들어지는 것이다. 이러한 정신을 만들어내는 자기라는 심리 조직 안에는 자기가 어렸을 때 거래했던 외부대상인 양육자(일반적으로 어머니)와의 관계에서 경험한 어렸을 때의 모든 것이 지울 수 없는 이미지로 각인되어 있다.

자기라는 개념과 그 개념을 창출해낸 대상 이미지가 전체 자기(whole self)의 상으로 이미지화 되어 다른 사람과 상호작용을 할 때 좋은 관계를 가질 것인가, 아니면 나쁜 관계를 가질 것인가와 관련된 관계유형을 결정해주는 준거 틀(frame of references)로서 기능을 한다.

이 개념의 의미는 내가 어떤 사람을 만났을 때 그 사람과의 관계를 좋게 만들어 계속해서 친한 사람으로 사귈 것인가 아니면 나쁜 사람으로 생각하고 더 이상 만나는 것을 포기하고 만나지 말 것인가를 결정하는 일을 한다(임종렬, 2001: 15-16).

내담자는 한 기관에서 지속적인 상담을 받지 않고 여러 곳을 돌아다녔으며, 이는 기존 상담을 통하여 원하는 만큼의 욕구 충족이 이루어지지 않았다는 것이다. 내담자는 양육자와의 애착형성에 어려움을 겪으면서 어린 시절을 보냈으며, 이러한 경험은 무의식에 고착화되어 미해결과제로 남아 현재 생활에 영향을 미치고 있었다.

대인관계의 어려움과 피해의식, 낮은 자존감, 이로 인해 현재 생활에 만족하지 못하고 스스로 만든 고통의 틀 안에 자아를 가두고 끊임없는 자학과 현실회피, 그리고 행동의 합리화를 만들어 내고 있다.

이러한 합리화는 알코올 의존, 음란사진 동영상, 주식 트레이너, 화풀이 대상인 어머니로 표출되고 있다.

내담자의 무의식 속에 부정적인 어머니상이 자리 잡아 현재 생활에 영향을 미치고 있으며, 내담자는 어머니를 떠나지 못하고 주변부에 머물면서 양가감정에 쌓여있다. 또한 자신의 처지를 합리화하고자 주식 트레이너가 되어 부자가 되고 싶어 한다. 그러나 행동으로 실행하지 못하고 현실을 회피하는 모습을 보이고 있다.

필자는 상담 과정 중 지지와 격려, 공감 등을 통하여 과거탐색을 하였으며, 내담자의 말 속에서 말을 찾고 질문을 하였으며, 내담자가 질문의 의도를 인지하지 못하였을 때 같은 질문을 반복하여 내담자의 삶의 변화를 이끌어 내고자 하였다. 또한 상담 과정에서 편견에 치우지지 않으려고 노력하였으며 내담자 중심 상담을 하였다.

10회 단기상담에서 회기별 구조화 시켜 상담을 하여 내담자의 변화를 이끌어 냈다.

단기상담에서는 짧은 회기에 내담자의 변화와 욕구충족을 시켜주어야 한다. 상담 초심자들은 지나치게 많은 질문을 해서 내담자의 사고 진행을 방해한다. 그러나 경험을 쌓게 되면 질문한 것에 대해서 내담자의 대답 여부를 알 수 있게 되고, 때로는 더 많은 이야기를 계속할 수 있도록 가벼운 용기를 줄 수도 있다.

전문상담사로서 확신이 생기면 내담자가 말하는 내용을 들을 수 있게 된다. 그리고 말 속의 말을 찾게 되고 질문을 잘하여 내담자의 마음을 힘들게 하고 있는 부분에 관해서 구체적으로 말할 수 있도록 지지하고 독려하게 된다.

단기상담은 장기상담과 달리 시간제한이 있기에 효율성에 초점을 맞추어 회기를 계획하고, 보다 더 적극적으로 상담에 임하여야 하며, 매회기마다 구조화 시켜 진행하여야 한다. 따라서 내담자의 긍정적 변화와 상담목표의 달성을 위해 다양한 기법의 활용과 회기의 구조화 그리고 시간의 활용 등은 중요하다.

하루는 24시간이고 일주일은 168시간이다. 다시 말해 상담이 일주일 간격으로 진행될 때 5회기는 840시간이며, 10회기 상담은 1,680시간이다. 내담자가 1시간 상담을 받고 일주일 후에 상담을 받는다면 167시간 후의 만남이다. 이러한 시간을 상담 과정으로 활용한다면 결코 짧은 시간이라고 볼 수 없다.

이러한 시간의 활용은 내담자가 상담실 밖에서 하는 일상행동과 연결되어 있기 때문이다. 내담자가 다음 상담에 올 때까지 상담에 대한 생각에 머물게 하며, 자각과 통찰을 일어나도록 유도한다. 이를 통해 현실적이고 수용적인 태도와 성숙한 삶의 변화가 나타났을 때 상담의 효과와 의미 있는 변화가 가능하고, 단기상담이 말로 하는 것 이상이라는 것을 보여준다.

따라서 단기상담이 효과적이라는 것을 실증한 본 사례의 상담방법이 널리 활용되어 우리나라 단기상담 발전에 이바지하였으면 좋겠다.

참고문헌

•권육상 (2003). 『정신건강론』. 서울: 유풍출판사.

•권육상 (2006). 『인간행동과 사회환경』. 서울: 유풍출판사.

•김동배, 권중돈 (2000)인간행동이론과 사회복지실천, 서울: 학지사

•김용태 (2009). 『가족치료이론』. 서울: 학지사

•김유숙 (2005). 『가족치료 이론과 실제』. 서울: 학지사.

•김춘경, 이수연, 최웅용 (2010). 『청소년상담』. 서울: 학지사.

•김환, 이장호 (2009). 『상담면접의 기초』. 서울: 학지사.

•김혜정 (2007). C.G.융의 분석심리학과 아니마/아니무스: 꿈 해석 이론을 중심으로 협성대학교 신학대학원 석사학위논문.

•노안영, 송현종 (2007). 『상담의 원리와 기술』. 서울: 학지사.

•류은영 (2016). '단기부부상담모형의 개발과 적용', 경상대학교 대학원 박사학위 논문

•신경희 (2015). 『삶을 만점으로 만드는 스트레스 관리』. 서울: 영림미디어.

•신경희 (2017). 『스트레스의 핸드북』. 서울: 씨 아이 알.

•원호택 공저 (2003). 『심리장애의 인지행동적 접근』. 서울: 교육과학사.

•이동식 (2009). 『도정신치료 입문: 프로이트와 융을 넘어서』. 서울: 한강수.

•이장호, 정남운, 조성호 (2008). 『상담심리학의 기초』. 서울: 학지사.

•임종렬 (2001). 『대상중심이론 가족상담』. 서울: 한국가족복지연구소.

•임종렬, 김순천 (2001). 『대상중심 경계선 가족치료』. 서울: 한국가족복지연구소.

•임종렬 (2002). 『모신』. 서울: 한국가족복지연구소.

•임향빈 (2014). 『심리상담의 이해와 대상중심 가족치료의 실제』서울: 북랩.

•정옥분 (2009) 『발달심리학: 전생애 인간발달』. 서울: 학지사.

•조정자, 이종연 (2009). "Jung의 분석심리학에서 그림자 인식의 중요성과 그림자 통합 방법" 상담학연구, 10(3), 1487-1500.

•조태영 (2011). 칼 융의 분석심리학의 기독교 상담적 적용. 아세아연합신학대학교 상담대학원 석사학위논문.

•최영희, 이정흠 공역 (1997). 인지치료 이론과 실제, 서울: 하나의학사.

- 최왕규 (2014). 명리학의 심리학적 위상에 관한 연구 : 프로이트·융·아들러의 心理學을 中心으로 = (A)study on the psychological status of myeongri science(命理學) : focused on the psychology of Freud, Jung & Adler. 공주대학교 대학원 박사학위논문.

- Alexander, F. & French, T. M. (1946). 『Psychoanalytic Therapy: Principles and application』. New York: Ronald Press.

- Bradshaw, J. (2011). 『상처받은 내면아이 치유』오재은(역). 서울: 학지사(Homecoming: Reclaiming and Championing Your Inner Child. New York, NY: Bantam Books, 1990).

- Corey, G., Corey, M. & Callanan, P. (2008). 『상담 및 심리치료 윤리』. 서경현, 정성진(역). 서울: 시그마프레스(Issues and Ethics in the Helping Professions. CA: Brooks/Cole, 2007).

- Crain, W. C. (2007). 『발달의 이론』. 서봉연(역). 서울: 중앙적성출판사(Theories Of Development. Prentice-Hall, 1980).

- Elliott, R. Watson, J. Goldman, R. & Greenberg, L. (2005). 『Learning Emotion-Focused Therapy』. Washington, DC: American Psychological Association.

- Garfield, S. L. (2006). 『단기심리치료』. 권석만, 김정욱, 문형춘, 신희천(역). 서울: 학지사 (The practice of brief psychotherapy. New York: Wiley, 1998).

- Mann, J. (1993). 『12회 면담 한시적 정신치료』. 박영숙, 이근후(역) 서울: 하나의학사(Time-Limited Psychotherapy, Cambridge. MA: Harvard University Press, 1973).

- Pledge, D. S. (2009). 『아동 및 청소년상담』. 이규미, 이은경, 주영아, 지승희 (역). 서울: 시그마프레스(Counseling Adolescents and Children: Developing Your Clinical Style Brooks/Cole Publishing Company, 2003).

- Saul, L. (1992). 『정신역동적 정신치료』. 이근후·최종진·박영숙(역). 서울: 하나의학사 (Psychodynamically Based Psychotherapy. New York: Science House, 1972).

- Saul, L. (1999). 『아동기 감정양식』. 이근후·박영숙·문홍세(역). 서울: 하나의 학사(The childhood emotional pattern. Van Nostrand Reinhold Co, 1977).

- Selva, P. C. D. (2009). 『집중적 단기정신역동치료』. 김영란, 김준형, 백지연, 원희랑, 주혜명 (역). 서울: 학지사(Intensive short-term dynamic psychotherapy. Stylus Pub Llc, 2004).

- Wachtel, P. (1993). 『Therapeutic communication』. New York: Basic Books.

- Wright JH, Basco MR, Thase ME. (2009). 『인지행동치료』. 김정민 역. 서울: 학지사 (Learning Cognitive-Behavior Therapy, 2006).

찾아보기

인 명

내 용